요리로 떠나는 세계 여행

전 세계 집밥 레시피 196

모토야마 나오요시 지음 | 최수영 옮김

해피북스투유

● 셰프의 말

전 세계 다양한 집밥을
우리 집 주방에서 만들 수 있다면

'세계의 요리' 하면 무엇이 떠오르나요?

"지난번 태국 여행 때 먹었던 그거, 맛있었는데."

"학창 시절 모로코에 가서 먹었던 요리 맛을 잊을 수가 없네."

여러분은 어떻습니까?

프랑스 요리나 스페인 요리처럼 대중적으로 널리 알려진 요리도 있지만, 전 세계에는 '샤카럽'과 '엠파나다' 같은 일반인들에게 전혀 생소한 요리도 많습니다. 타지키스탄의 '샤카럽Shakarob'은 소금과 레몬으로 간단히 만들 수 있는 샐러드입니다. 간식이나 안주로도 제격인 아르헨티나의 '엠파나다Empanada'는 달걀을 넣어 튀긴 만두입니다. 이처럼 세상에는 아직도 여러분이 모르는 재미있고 맛있는 요리가 굉장히 많습니다.

이 책에는 제가 세계를 여행하면서 현지 주방에서 익힌 요리와 일본에 사는 외국인들에게 배운 요리를 합친 총 196개국의 집밥 레시피가 실려 있습니다.

어려울 것 같아요? 천만에요. 이 레시피 책은 프로 요리사를 위한 것이 아닙니다. 평범한 가정의 주방에 서 있는 여러분을 위한 책입니다. 전 세계의 집밥을 평소 사용하는 식재료로 최대한 간단히 만들 수 있도록 연구했습니다.

"뻔한 레시피는 지겨워."

"이번 파티에 모두를 놀라게 해줘야지!"

"신혼여행지에서 먹었던 추억의 요리, 다시 한번 먹고 싶어."

그렇다면 이 책을 빠르게 훑어보세요. 생전 처음 보는 요리, 맛을 내는 비결, 재료의 배합, 만드는 법 등을 만날 수 있답니다.

그럼, 저와 함께 아찔할 만큼 다양한 전 세계 집밥 여행을 떠나봅시다!

 ★ 우리를 전 세계 주방으로 안내해줄 요리사

모토야마 나오요시本山尙義 1966년 고베 시 출생. 프랑스 요리를 배워 호텔 수석 셰프가 됐다. 스물일곱 살 때 방문했던 인도에서 향신료의 매력에 빠져 세계의 요리에 눈뜬 뒤로 30개국을 다니며 요리를 배우는 '여행하는 셰프'가 됐다. 귀국하고 나서는 레스토랑 '팔레르모Palermo'를 열고 2010년부터 2012년까지 전 세계 196개국 집밥 요리를 선보이는 '지구촌 음식 마라톤' 이벤트를 개최했다. 현재는 전 세계 요리를 가정에서 쉽게 즐길 수 있게 간편식으로 가공해서 판매하는 '세계 음식 박물관'을 주관하고 있다.

우리의 목표는 '전 세계 요리를 부담 없이 집에서 즐기는 것'입니다

1
'집에 있는 재료로 간단히 만들 수 있는 것'을 고민했습니다.

'세계의 집밥 요리'라고 하면 '현지에만 있는 양념이나 재료가 잔뜩 나오지 않을까?' 하고 생각할 수도 있습니다.

그렇다면 안심하세요. 이 책의 레시피는 모두 가정에서 부담 없이 만들 수 있는 요리입니다. 가까운 마트에서 살 수 있는 재료와 양념으로만 만들어도 현지의 맛에 가까워지도록 연구했습니다. 그중에는 약간 특이한 재료도 나옵니다. 그럴 때는 반드시 대체할 수 있는 재료도 제시해놓았으니 시도해보세요. 제대로 만들고 싶다면 원래의 재료를 구매해서 도전해보세요.

2
'누가 만들어도 맛있는 레시피'입니다.

세계의 집밥 요리를 시작하는 출발선은 다양합니다. 어쨌든 먹는 걸 좋아하는 사람, 매일 먹는 요리에 질려서 무언가 다른 것을 찾는 사람. 평소에는 요리하지 않지만 결정적인 순간 요리 실력을 발휘하고 싶은 사람, 하물며 그것도 처음 보는 요리로만 말이지요.

이 책의 레시피는 어떤 사람이 도전해도 맛있게 완성할 수 있도록 자르는 법이나 불 조절은 물론, 뚜껑을 덮는지, 거품을 제거하는지 등 조리법과 순서를 자세히 설명해놓았습니다. 헤매거나 실패하지 않고 현지의 맛을 완벽에 가깝게 구현할 수 있습니다.

3
'다양한 상황'에서 활용할 수 있게 연구했습니다.

맛있어 보이지만 "이러한 상황에서는 어느 나라의 요리를 만들면 좋을지 모르겠어요" 하는 분도 있을 것입니다. 그렇다면 책의 마지막 부분을 펼쳐서 〈색인〉을 살펴보세요. 파티나 간단한 안주, 도시락, 평소 식사 등 어떤 상황에 잘 어울리는 레시피인지 알려주는 '상황별 색인'과, 메인 요리와 곁들일 음식 등 메뉴 선정에 편리한 '메뉴별 색인', 셰프가 고심하여 3종 세트로 구성한 '셰프 추천 색인'을 수록했습니다. 간단하지만 마법 같은 식탁이 당신의 눈앞에 펼쳐질 것입니다.

전 세계 집밥 요리를 즐기기 위해
구비해야 할 양념

오늘은 어쩐지 맛이 다른데?

'향신료'나 '허브'가 어렵게 느껴질 수도 있지만, 겁 내지 말고 당장 가까운 마트의 향신료 코너로 가보세요. 몇 천 원대로 살 수 있는 것들이 꽤 많습니다. 집에 갖춰놓기만 해도 마치 전 세계를 여행하는 듯한 기분이 들 것입니다. 바꿔 말하면 향신료만 잘 갖춰도 전 세계의 요리를 대부분 완벽에 가깝게 재현할 수 있습니다. 여기에서는 이 책의 레시피에 사용한 향신료를 소개합니다. 우선 만들고 싶은 요리에 사용한 것들부터 여러분의 주방에 들이는 건 어떨까요?

오레가노
Oregano

향이 강해서 피자를 만들 때 주로 사용합니다. 토마토나 치즈에 잘 어울려 지중해 요리에 자주 등장하는 향신료입니다.

카옌페퍼
Cayenne Pepper/ Chili Pepper

건조한 붉은 고춧가루. 입안이 얼얼해지는 매운맛이 특징입니다.

가람 마살라
Garam Masala

인도 요리에 주로 사용하는 종합 향신료입니다. 커민과 계피가 들어 있어 본래의 향과 매운맛을 살릴 때 사용합니다.

카더몬
Cardamon

새콤달콤한 향이 특징이며 '향신료의 여왕'으로 불립니다. 카레나 고기 요리에 주로 사용합니다.

카레 가루
Spicy Curry Powder

조금만 사용해도 순식간에 카레 맛으로 변하는 향신료입니다. 강황이나 고춧가루 등 수십 종의 향신료를 섞은 것입니다.

커민
Cumin

이집트가 원산지며 카레와 비슷한 향이 나는 향신료입니다. 고기, 감자, 빵에 사용하기도 합니다.

클로브
Clove

정향이라고도 부르며, 달콤하면서도 깊은 향과 자극적인 풍미로 고기의 잡냄새를 제거합니다. 과일 케이크에 사용하기도 합니다.

코리앤더
Coriander

새콤달콤하면서 감귤류와 비슷한 향이 나는 향신료입니다. 살짝 매운 풍미도 가지고 있습니다.

사프란
Saffron

사프란의 암꽃술을 건조한 것입니다. 이국적인 향과 산뜻한 색으로 사프란 라이스 등에 사용합니다.

시나몬
Cinnamon

달콤하고 차분한 향이 특징이어서 주로 과자에 사용하지만, 인도나 중동, 서아시아에서는 고기 요리에 사용하기도 합니다.

터메릭
Turmeric

울금이라는 별명으로도 불리며 연한 흙냄새가 납니다. 요리에서 노란색을 낼 때 사용합니다.

타임
Thyme

상큼한 향이 나고 항균 효과가 있습니다. 생선 비린내를 제거할 때 주로 사용하지만, 고기 요리에도 어울려서 서양 요리에는 빠지지 않는 허브입니다.

칠리 가루
Chili Powder

고춧가루에 여러 종류의 향신료를 섞은 에스닉한 향신료입니다. 중남미 요리에 주로 사용합니다.

파슬리
Parsley

향긋한 냄새와 산뜻한 초록색을 띠는 편리한 만능 허브입니다. 조금만 사용해도 요리가 돋보입니다.

파프리카 파우더
Paprika

고추와 비슷한 종류면서도 매운맛이 없는 파프리카를 건조한 분말입니다. 산뜻한 색상과 독특한 풍미를 지니고 있습니다.

흑후추
Black Pepper

알싸하면서 자극적인 매운맛을 지닌 '향신료의 왕'입니다. 백후추, 녹색 후추, 핑크 후추 등도 있으며 각기 풍미도 다릅니다.

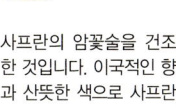

● 이 책을 보는 법

세계의 집밥 레시피 기준

- 이 책에서 사용한 계량은 1큰술이 15mL, 1작은술이 5mL, 1컵은 200mL입니다.
- 만드는 법에 '뚜껑을 덮는다'고 표기하지 않았으면 뚜껑을 열고 조리하세요.
- 식재료가 흔하지 않은 경우, '양고기(또는 쇠고기)'처럼 괄호 안에 대용품의 이름을 표시해 놓았습니다.
- 조리 시간은 평균치입니다. 각 가정에서 사용하는 조리 기구나 식재료의 크기에 따라 달라질 수 있으니까 주의해서 조리하세요.

● 차례

셰프의 말 • 004
이 책을 보는 법 • 010

🍴 '아메리카 대륙'의 요리를 집에서 즐겨요

매콤한 초콜릿 소스에 끓인 닭고기 스튜	멕시코	• 019
닭고기와 오크라를 걸쭉하게 끓인 매콤한 수프	미국	• 021
오렌지주스에 숙성한 로스트 치킨	자메이카	• 022
오렌지 돼지고기 찜	아이티	• 023
다진 고기와 콩을 넣은 매운 토마토 스튜	온두라스	• 024
닭고기를 넣은 파에야풍의 쌀 요리	세인트 키츠 네비스	• 025
간식이나 안주로도 딱이야! 달걀을 넣어 튀긴 만두	아르헨티나	• 026
병아리콩 카레를 넣은 튀긴 빵 샌드위치	트리니다드 토바고	• 027
상큼한 BBQ 소스를 곁들인 소고기 스테이크	우루과이	• 028
코코넛 새우튀김	벨리즈	• 029
여름이면 생각나는 생선과 새우 마리네	에콰도르	• 030
가끔은 그냥 먹고 싶어지는 콩밥	바베이도스	• 030
빨간콩 토마토 조림	수리남	• 031
소고기 감자튀김 볶음	볼리비아	• 031
닭고기 옐로페퍼 스튜	페루	• 033
다진 고기 옥수수 그라탱	칠레	• 034
지구 반대편에서도 인기, 마카로니 그라탱	세인트 빈센트 그레나딘	• 035
닭고기와 카사바를 넣고 진하게 끓여낸 수프	파나마	• 036
감자와 옥수수를 넣은 매운 치킨 수프	쿠바	• 037
소고기 마데이라 와인 조림	베네수엘라	• 038
닭고기 옥수수 경단 수프	파라과이	• 039
소금에 절인 대구와 흐물흐물한 토마토 조림	앤티가 바부다	• 040

메이플시럽 소스를 뿌린 연어 소테	캐나다	• 041
카레 맛 감자 크레이프	그레나다	• 042
아보카도 치즈 토마토 케사디야	코스타리카	• 043
라틴아메리카의 소고기 카레	세인트루시아	• 044
플랜틴 바나나	도미니카연방	• 044
카리브 해의 흰 살 생선튀김	바하마	• 045
부드러운 옥수수 푸딩	도미니카공화국	• 045
새까만 검은콩 조림	브라질	• 047
옥수수 경단 치마키	니카라과	• 048
콩과 치즈를 바삭하게 구운 호떡	엘살바도르	• 049
닭튀김과 오크라 소스	가이아나	• 050
닭고기 콜라 스튜	과테말라	• 051
남미식 미트로프 베이컨 말이	콜롬비아	• 052

'유럽' 요리를 집에서 즐겨요

발사믹 식초를 곁들인 참치 아보카도 샐러드	이탈리아	• 055
닭고기 치즈 구이	산마리노	• 055
지중해 오징어순대	키프로스	• 056
속에 쌀을 채워 오븐에 구운 닭고기	아르메니아	• 057
어른을 위한 쌉쌀한 소고기 기네스 스튜	아일랜드	• 058
프랑스 레스토랑의 맛, 닭고기 크림 스튜	프랑스	• 059
안초비 감자 그라탱	스웨덴	• 060
양치는 목동의 파이	영국	• 061
투박한 스페인 어부의 영양밥	스페인	• 063
코티지치즈가 든 폭신폭신한 파이	세르비아	• 064
두툼한 크레이프로 만든 쫄깃한 피자	네덜란드	• 065
산뜻한 빛깔의 소고기 파프리카 스튜	헝가리	• 066
소시지 사워크라우트 스튜	폴란드	• 067
소금 요구르트 디핑소스	투르크메니스탄	• 068
차가운 요구르트 수프	불가리아	• 068
대구와 양파로 만든 어묵튀김	아이슬란드	• 069

요리명	국가	페이지
구운 가지 카나페	루마니아	069
근사해! 소고기 베이컨 말이	에스토니아	070
미트볼을 넣은 감자떡	리투아니아	071
맥주 종주국의 감자 부침개	체코	072
닭고기 채소 크레이프 그라탱	오스트리아	073
버터 연어 소테	노르웨이	074
아몬드 버터 소스를 얹은 연어 소테	룩셈부르크	075
고수 잎을 얹은 독일 포테이토	조지아	077
닭고기와 채소를 대롱대롱 끼운 꼬치구이	키르기스	078
사워크림을 곁들인 동유럽 햄버그스테이크	라트비아	079
달걀 레몬 수프	그리스	080
양고기와 말린 과일 조림	아제르바이잔	081
따끈따끈한 비트 소고기 스튜	우크라이나	082
밀푀유처럼 겹겹이 쌓아 올린 감자 샐러드	몰도바	083
크로아티아식 수제 소시지	크로아티아	085
구수한 감자 양파 볶음	슬로베니아	085
유럽식 소고기 감자조림	보스니아헤르체코비나	086
닭고기 파프리카 크림 스튜	슬로바키아	086
발칸반도의 치즈 햄버그스테이크	마케도니아	087
양배추와 베이컨을 넣은 매시트포테이토	안도라	087
양고기와 채소 소스를 얹은 우동	카자흐스탄	088
레몬과 소금을 손으로 비벼 만든 샐러드	타지키스탄	089
돼지고기 사워크림 스튜	벨라루스	090
곱게 간 감자에 살라미를 띄운 수프	포르투갈	091
연어와 밥을 넣은 파이 말이	핀란드	092
미트볼 소고기 말이 토마토소스 조림	몰타	093
발사믹 소스를 뿌린 돼지고기 등심 스테이크	바티칸	095
치즈 새우 크로켓	벨기에	096
민트 치즈 라이스 크로켓	알바니아	097
옥수숫가루로 만든 경단 수프	리히텐슈타인	098
양고기 당근 필래프	우즈베키스탄	098
소고기 사워크림 스튜	러시아	099
빵가루를 입혀 튀긴 돼지고기와 버섯 크림소스	독일	100
드넓은 초원에서 즐기는 감자 부침개	스위스	101

미니 햄버그스테이크와 요구르트 소스	코소보	• 103
바삭하면서 살살 녹는 닭고기 치즈 튀김	몬테네그로	• 104
대구와 채소에 토마토소스를 넣고 끓인 스튜	모나코	• 105
북유럽 오픈 샌드위치	덴마크	• 106

'오세아니아' 요리를 집에서 즐겨요

밥이 술술 넘어가는 초간장 닭고기찜	미크로네시아	• 108
양배추와 콘드비프를 넣은 코코넛밀크 스튜	통가	• 109
참치와 채소, 코코넛크림 무침	쿡 제도	• 111
육즙 가득한 다진 고기 파이	오스트레일리아	• 112
흰 살 생선과 감자튀김	뉴질랜드	• 113
가라앉는 섬의 중화요리 덮밥	투발루	• 114
소고기 감자 카레	바누아투	• 115
사고야자 전분으로 만든 찹쌀떡	파푸아뉴기니	• 117
시나몬 튀김 도넛	사모아	• 118
고구마 코코넛 조림	솔로몬제도	• 118
밥과 코코넛으로 만든 간식	나우루	• 119
토란과 파파야 찜	니우에	• 119
흰 살 생선 코코넛 마리네	피지	• 120
조개와 돼지고기 시금치 쌈	팔라우	• 121
참기름에 버무린 참치	마셜제도 공화국	• 122
참치와 코코넛즙을 뿌린 밥	키리바시	• 123

'아프리카' 요리를 집에서 즐겨요

세계에서 가장 작은 토마토소스 파스타	니제르	• 125
우간다의 주식인 옥수수 경단	우간다	• 127
흰 살 생선 땅콩 스튜	가봉	• 128
소고기 땅콩 찜	잠비아	• 129
걸쭉한 토마토 강낭콩 찜	부룬디	• 130

콩과 콘그릿츠 스튜	카보베르데	131
심플한 통닭구이	콩고	133
흰 강낭콩 소고기 스튜	콩고민주공화국	133
렌틸콩 마카로니 토마토 밥	이집트	134
양고기 국밥	모리타니	135
닭고기 타진 스튜	모로코	136
소고기와 계절 채소를 넣은 포토푀	코트디부아르	137
오크라 소스를 넣은 새우찜	베냉	138
오크라 소스를 넣은 흰 살 생선 조림	카메룬	138
채소를 듬뿍 넣은 닭고기 스튜	앙골라	139
톡 쏘는 매운맛의 닭고기 스튜	상투메 프린시페	139
누룽지마저 맛있는 생선 영양밥	감비아	141
시금치 크림 스튜	레소토	142
시나몬 향이 은은한 시금치 스튜	라이베리아	143
생선튀김 토마토소스	기니	144
상큼한 머스터드 닭고기 스튜	말리	145
속에 고기와 밥을 채운 피망 요리	남수단	146
인도 이민자의 프라이드치킨	짐바브웨	147
달콤 짭조름한 강낭콩 페이스트	르완다	149
토마토 양파 디핑소스	모리셔스	149
고구마와 바나나 코코넛밀크 조림	세이셸	150
요리용 바나나 스튜	적도기니	151
시금치 땅콩 볶음	보츠와나	152
카레 향의 간단한 채소볶음	말라위	153
얇게 썬 감자와 다진 고기 조림	소말리아	154
은은한 카레 향의 채소 조림	에리트레아	155
중부아프리카의 비프 스튜	차드	156
돼지고기 토마토 스튜	마다가스카르	156
닭고기 땅콩소스 스튜	세네갈	157
병아리콩을 넣은 빨간 닭고기 스튜	알제리	157
오븐에 구운 소고기 치즈 달걀 파이	튀니지	158
붉은 렌틸콩으로 만든 귀여운 크로켓	지부티	159
달걀을 통째로 넣은 매운 카레	에티오피아	161
오크라와 땅콩으로 만든 소스	기니비사우	162

라마단이 끝나는 날 먹는 가지 참깨 페이스트	리비아	• 163
닭고기와 토마토를 넣고 지은 매콤한 영양밥	시에라리온	• 164
태국쌀로 만드는 다진 소고기 밥	부르키나파소	• 165
아프리카에서 만난 소시지와 감자튀김	나미비아	• 166
매운맛 바나나튀김	가나	• 166
손쉽게 만드는 육즙 가득한 미트로프	남아프리카공화국	• 167
영양 만점! 케일 소고기 스튜	케냐	• 168
멜론씨 닭고기 스튜	나이지리아	• 169
담백한 생선구이 샐러드	중앙아프리카공화국	• 170
어부의 고등어 수프	탄자니아	• 171
오크라 소고기 스튜	수단	• 173
토마토 가다랑어 스튜	코모로	• 174
콩과 견과류와 채소 찜	토고	• 175
남아프리카의 양고기 스튜	에스와티니	• 176
손에 들고 먹고 싶은 매콤한 새우구이	모잠비크	• 177

🍴 '아시아' 요리를 집에서 즐겨요

닭고기 레몬 스튜	예멘	• 179
중독되는 말레이 볶음국수	말레이시아	• 181
바삭하고 쫄깃하게 튀긴 춘권	베트남	• 181
요구르트 스튜를 얹은 사프란 라이스	요르단	• 182
버섯과 감자를 넣은 치즈 스튜	부탄	• 183
시큼한 돼지고기 수프	필리핀	• 185
붉은 렌틸콩으로 만든 순한 카레	스리랑카	• 186
템페 코코넛 카레	동티모르	• 187
다진 고기를 얹어서 튀긴 빵	캄보디아	• 189
향신료를 넣은 본고장의 양고기 카레	인도	• 190
고등어 코코넛 카레	방글라데시	• 190
사랑해요! 중동 햄버그스테이크 스튜	터키	• 191
얇은 파스타 디저트	오만	• 192
곱게 간 오이와 요구르트 샐러드	쿠웨이트	• 192

중국집 마파두부	중국	• 193
한국식 소고기 당면 볶음	한국	• 193
그린빈 토마토 스튜	시리아	• 195
오븐에 구운 담백한 소고기	아랍에미리트	• 196
모둠 채소구이	사우디아라비아	• 197
닭고기 토마토 수프 카레	네팔	• 199
파프리카와 달걀 반숙을 넣은 토마토소스 스튜	이스라엘	• 200
어머니의 손맛이 깃든 미얀마식 닭볶음탕	미얀마	• 201
바질을 넣은 닭고기 가지 볶음	라오스	• 202
미트볼 요구르트 스튜	이란	• 203
시나몬 향이 나는 가지 소고기 영양밥	이라크	• 205
매운 닭 꼬치구이	파키스탄	• 206
아시아의 맛이 느껴지는 닭튀김	브루나이	• 207
천국에 가장 가까운 섬의 생선 카레	몰디브	• 208
요구르트에 재운 양고기찜	아프가니스탄	• 208
닭고기와 호박을 푹 끓인 스튜	바레인	• 209
파티에 내고 싶은 병아리콩 페이스트	레바논	• 209
포장마차 단골 메뉴인 돼지갈비탕	싱가포르	• 211
튀긴 고기만두	몽골	• 212
데친 채소 샐러드	인도네시아	• 213
중동에서 먹는 새우 볶음밥	카타르	• 214
맥주가 생각나는 새콤한 샐러드	태국	• 215
어머니의 오코노미야키	일본	• 217

메뉴별 색인 • 218

상황별 색인 • 221

셰프의 추천 색인 • 224

세계지도에서 찾기 • 226

에필로그 • 228

주황색으로 표시한
레시피에는 집밥에 관한
에피소드가 함께
있습니다.

 '아메리카 대륙'의 요리를
집에서 즐겨요

AMERICA

아메리카 대륙에는 아메리카 합중국과 브라질, 아름다운 카리브 해 너머로 끝없이 펼쳐지는 안데스 산맥이 자리합니다. 대항해시대에 콜럼버스가 발견한 신대륙으로, 이는 음식의 세계에도 큰 영향을 안겨주었다고 합니다.
전 세계인이 먹는 토마토나 감자의 원산지기도 한 아메리카 대륙은 식재료의 보고입니다. 모두가 잘 아는 식재료가 지구 반대편에서는 색다른 방식으로 사용되고 있습니다.

초콜릿이 반찬이라네!

매콤한 초콜릿 소스에 끓인 닭고기 스튜

멕시코

몰레 포블라노 Mole poblano

카레 가루 대신 초콜릿을 넣고 끓인 음식. 처음에는 달콤하다가 서서히 매운맛이 몰려온다! 생전 처음 느끼는 맛을 경험할 수 있는 일품요리입니다.

001 / 196

재료(2인분)

닭다리살 1개(한입 크기)
소금·후추 조금
올리브오일 1큰술
A 마늘 1개(다지기)
   양파 1개(얇게 썰기)
B 토마토 펄프 통조림 1/2캔
   카옌페퍼 2/1작은술
   커민 1작은술
비터 초콜릿(카카오 함량이 높은 것) 50g

만드는 법

1. 닭고기에 소금·후추를 뿌린다. 프라이팬에 기름을 두르고 달궈지면 중간 불로 닭고기를 노릇노릇하게 구운 다음 일단 꺼내 둔다.
2. 같은 프라이팬에 **A**를 넣고 약한 불에서 갈색이 돌 때까지 볶는다.
3. 1과 **B**를 함께 넣고 한소끔 끓인 후, 거품을 제거하고 약한 불로 20분간 끓인다. 비터 초콜릿을 추가해 저으면서 녹인다.

Advice 〉카카오가 70% 이상 함유된 초콜릿을 사용하면 너무 달지 않으면서 맛있는 요리가 완성됩니다.

이게 스튜야 카레야

 미국

닭고기와 오크라를 걸쭉하게 끓인 매콤한 수프

검보 Gumbo

오크라가 듬뿍 들어가서 밥과 잘 어울리는 수프. 걸쭉함 덕분에 마지막까지 따끈따끈합니다.
볶아서 끓이기만 하면 되는 간단한 요리로 스튜나 카레에 싫증이 났다면 시도해 보세요.

 45 min

002 / 196

재료(2인분)

A 오크라 200g(통썰기)
  양파 1/2개(잘게 다지기)
  다진 마늘 1큰술
  샐러드오일 1큰술
  닭다리살 100g(깍둑썰기)
  밀가루 박력분 1큰술
B 토마토 펄프 통조림 1/2캔
  물 1컵(200mL)
C 오레가노 1/2작은술
  카옌페퍼 1/2작은술
  타임 1/2작은술
  파프리카 파우더 1큰술
  소금 1/2큰술, 후추 1/2작은술

만드는 법

1 냄비에 기름을 두르고 달궈지면 중간 불에서 A를 충분히 볶는다. 닭고기를 넣고 색이 변할 때까지 볶는다. 박력분을 넣고 3분 정도 저어가며 볶는다.
2 B를 넣고 약한 불에서 10분간 끓인다.
3 C를 넣고 약한 불로 20분간 더 끓인다.

요리로 보는 세계 1

미국인데 오크라 요리라고요?

미국 요리라면 햄버거나 스테이크가 떠오르지 않나요? 그런데 이 요리에는 오크라가 들어갑니다. 오크라는 아프리카가 원산지로 알려져 있는데, 지금은 미국에서 더 많이 재배됩니다.
옛날 대항해시대에 유럽 국가들이 아메리카 대륙을 침략했습니다. 그리고 수많은 흑인을 아메리카 대륙에 노예로 끌고 갔습니다. 무척이나 슬픈 역사지만, 오크라가 아메리카 대륙에서 건너왔다고 들었을 때 문득 이런 생각이 들었습니다. 노예를 태우고 아메리카로 향하던 배 안에 오크라 종자도 있었던 게 아닐까 하고요. 그 뒤로 조사해봤더니 역시나 오크라가 전해진 시기는 대항해시대였습니다. 사실 이 요리에 들어가는 향신료나 허브도 유럽이나 인도산이 섞여 있으니, 그 옛날 무역 항로가 이 요리 하나에 담겨 있는 셈이에요.
겨우 수프 요리 하나에 이런 거창한 이야기가 숨어 있다니 대단하지 않습니까? 제가 요리로 역사와 문화를 알려주고 싶다고 생각하게 된 계기가 바로 이 요리였습니다.

요리로 세계의 이야기를 알려주고 싶어서 시작한 '팔레르모' 레스토랑

Advice〉걸쭉한 끈기가 있으면서 빨리 식지 않아서 수프에는 오크라가 최고예요! 겨울철 단골 메뉴로 손색이 없습니다.

오렌지주스에 숙성한 로스트 치킨

자메이카

🍗 저크 치킨 Jerk chicken 🍗

숙성시켜 굽기만 하면 되는 매콤한 통구이 닭 요리입니다. 맛의 비밀은 소스로 사용하는 오렌지주스. 적절한 단맛과 산미가 뒷맛을 깔끔하게 만들어줍니다.

⏰ 45 min

재료(2인분)

닭다리살 2개(네 등분)

A   양파 1/2개
    다진 마늘 1/2작은술
    다진 생강 1/2작은술
    오렌지 주스 1/2컵(100mL)
    라임 과즙 1/2개분
    올리브오일 2큰술
    카옌페퍼 1/2작은술
    커민 1/2작은술, 타임 1/2작은술
    파슬리 1/2작은술
    파프리카 파우더 1/2작은술
    설탕 1큰술, 후추 1/2작은술

만드는 법

1 **A**를 믹서에 간다.
2 그릇에 **1**과 닭고기를 넣고 냉장고에서 30분간 재운다.
3 240도 오븐에서 10분, 표면이 눌어붙을 때까지 굽는다.

Advice 양념이 많이 들어가지만, 믹서에 갈아서 닭고기를 재우기만 하면 됩니다.

오렌지 돼지고기 찜

그리오 Griot

아이티

돼지고기 등심을 오렌지주스에 끓인 요리. 카리브 해의 섬인 아이티에서는 오렌지에 관한 민간설화가 있을 정도로 일상에 깊숙이 녹아든 식재료입니다.

⏰ 30 min

재료(2인분)

돼지고기 등심 2덩어리(한입 크기)
샐러드오일 1큰술
양파 1/2개(잘게 다지기)
A 오렌지 과즙 1개분
   레몬즙 1큰술
   타임 1/2작은술
   설탕 1/2작은술
   흑후추 1/2작은술
오렌지(장식용) 1개

만드는 법

1. 냄비에 기름을 두르고 달궈지면 중간 불로 돼지고기를 노릇노릇하게 구워서 일단 꺼내 둔다.
2. 같은 냄비에 양파를 충분히 볶다가 1을 다시 넣고 A를 섞는다. 한소끔 끓어오르게 한 뒤 거품을 없애고 약한 불에서 수분이 거의 잦아들 정도로 끓인다.
3. 장식용 오렌지를 곁들인다.

Advice 〉 오렌지 과즙 대신 100% 오렌지주스 70mL를 사용해도 OK!

칠리! 콘! 카르네!

온두라스

다진 고기와 콩을 넣은 매운 토마토 스튜
칠리 콘 카르네 Chili con carne

겉보기에 선명한 붉은색을 띠는 콩 스튜. 서부극에서 카우보이가 자주 먹는 요리예요.
이것이 바로 '아메리카 대륙의 맛'이구나 하는 느낌입니다.

75 min

재료(2인분)

강낭콩 Kidney Beans 100g(하룻밤 물에 담가 두기)
A 마늘 1쪽(다지기)
　 양파 1/2개
다진 쇠고기 50g
올리브오일 1큰술
B 토마토 펄프 통조림 1/2캔
　 케첩 1큰술
　 커민 1작은술
　 칠리 가루 1작은술
　 소금 1작은술
　 후추 1/2작은술

만드는 법

1. 콩을 불렸던 물과 함께 냄비에 넣고 중간 불로 30분간 말랑하게 삶는다.
2. 다른 냄비에 기름을 두르고 달궈지면 중간 불에서 **A**를 충분히 볶는다. 다진 고기를 넣고 익을 때까지 볶는다.
3. 1과 뜨거운 물 50mL와 **B**를 넣고 약한 불에서 30분간 푹 끓인다.

> 콩은 살짝 씹히는 맛이 살아 있는 편이 포만감 있고 맛있습니다. ‹ Advice

흑설탕이 포인트야

닭고기를 넣은 파에야풍의 쌀 요리

세인트 키츠 네비스 　펠라우 Pelau

필래프나 파에야와는 살짝 다른, 은근히 단맛이 도는 영양밥.

 55 min

006 / 196

재료(2인분)

비정제 설탕(또는 흑설탕) 3큰술
샐러드오일 3큰술
A 닭고기 100g(깍둑썰기)
　양파 1/2개(잘게 다지기)
　당근 1/2개(은행잎 썰기)
　피망 1개(채썰기)
쌀 180mL(씻어 두기)
B 코코넛밀크 1/2컵(100mL)
　물 1/2컵(100mL)
소금 1작은술

만드는 법

1. 질냄비에 기름을 두르고 달궈지면 중간 불에서 흑설탕을 볶는다. 타기 직전 캐러멜색이 됐을 때 A를 넣고 5분간 볶는다.
2. 쌀을 붓고 5분 정도 볶다가 B를 추가해서 저어가며 5분간 끓인다. 소금으로 간을 맞춘 다음 뚜껑을 닫고 약한 불에서 15분간 끓인다.
3. 불을 끄고 15분간 뜸을 들인다.

Advice 〉 비정제 설탕은 처음부터 저어가며 볶지 말 것. 전부 녹은 다음 저어주세요.

역시 손맛이 좋구나

아르헨티나

간식이나 안주로도 딱이야!
달걀을 넣어 튀긴 만두 ⚜ 엠파나다 Empanada ⚜

아메리카 대륙에서 널리 즐겨 먹는 소를 넣은 빵. 소의 재료는 나라마다 조금씩 다르지만, 아르헨티나는 매운맛을 가미한 다진 쇠고기와 삶은 달걀을 사용합니다.

90 min

007 — 196

재료(2인분 4개)

A 달걀 1/2개
　 밀가루 박력분 160g
　 화이트와인 2작은술
　 물 40mL
　 올리브오일 1큰술
B 양파 1/4개(다지기)
　 다진 마늘 1/2작은술
올리브오일 1/2큰술, 다진 쇠고기 150g
C 커민 1/2작은술
　 소금 1/2작은술
　 후추 1/4작은술
밀가루 박력분 1/2큰술
삶은 달걀 1개(4등분하기)

만드는 법

1. 만두피를 만든다. 그릇에 **A**를 넣고 반죽하여 한 덩어리로 만든다. 비닐봉지에 넣어서 냉장고에 30분간 재운다.

2. 소를 만든다. 프라이팬에 기름을 두르고 달궈지면 **B**를 투명해질 때까지 볶는다. 다진 고기를 추가해서 볶다가 색이 변하면 **C**를 넣고 다시 5분간 볶는다. 박력분 밀가루를 뿌려 묻힌 다음 식힌다. 소를 4등분하여 각각 동그랗게 뭉친다.

3. **1**을 4등분해서 지름 10cm 크기의 둥근 모양으로 납작하게 밀어서 편다. **2**와 삶은 달걀을 올린 다음 반으로 접어 주름을 잡는다. 180도 오븐에서 20분간 굽는다.

엠파나다를 빚는 방법은 인터넷에서 쉽게 찾아볼 수 있습니다. 《 Advice

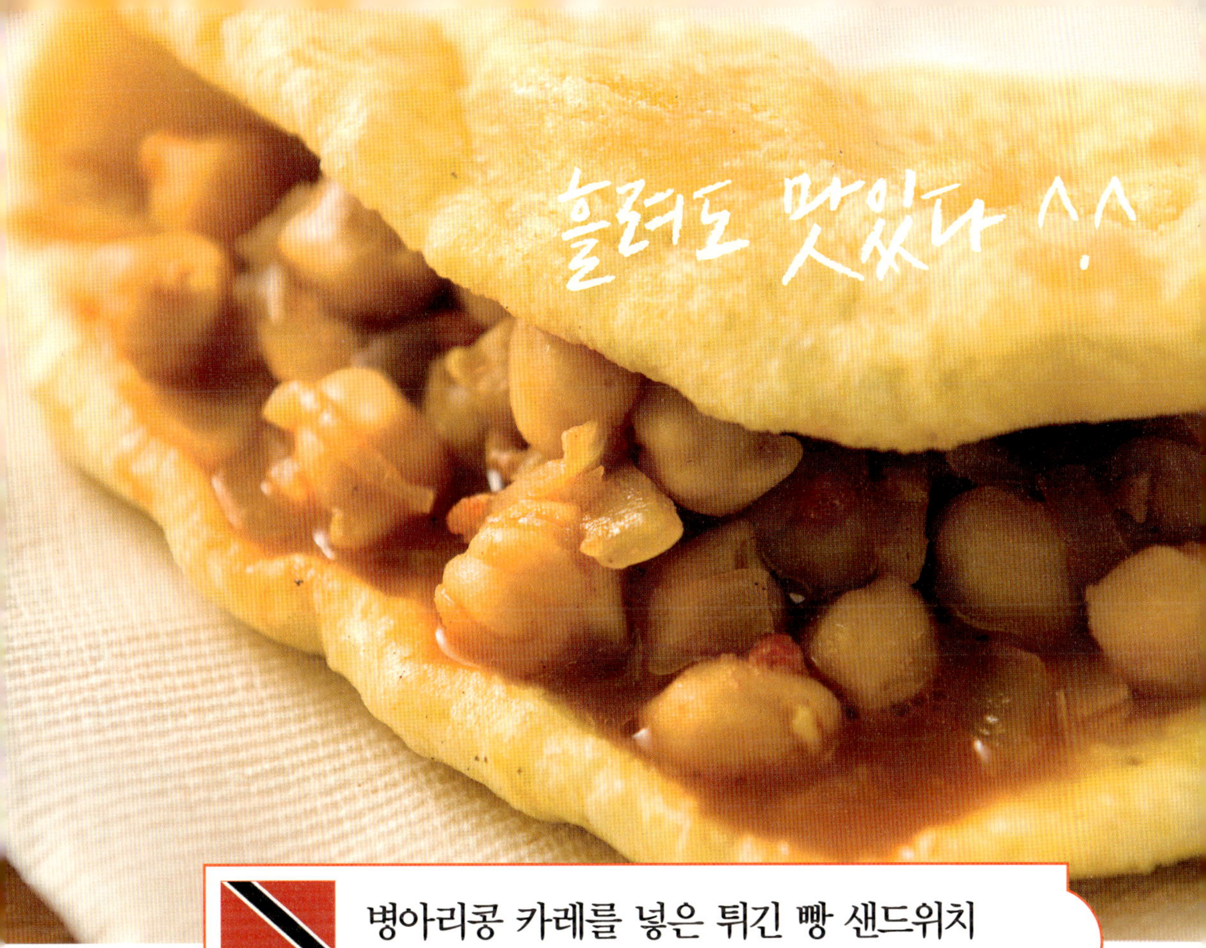

병아리콩 카레를 넣은 튀긴 빵 샌드위치

트리니다드 토바고

더블스Doubles

현지에서는 가벼운 간식으로 먹는 튀긴 빵. 소의 재료로는 카레 풍미가 가득한 병아리콩을 넣습니다. 오돌오돌한 콩 식감이 재미있습니다.

90 min

008 / 196

재료(8인분)

A 미온수 2컵(400mL)
밀가루 강력분 600g
건조 효모 1작은술
터메릭 1작은술
설탕 1작은술
소금 1/2작은술

양파 1/2개(다지기)
올리브오일 2큰술

B 토마토 펄프 통조림 1/2캔
삶은 병아리콩 통조림 1캔

C 카레 가루 1큰술
소금·후추 1/2작은술

만드는 법

1. 피를 만든다. 그릇에 A를 넣고 반죽하여 한 덩어리로 만든다. 랩을 씌우고 반죽이 2배로 부풀 때까지 상온에서 30~60분 숙성시킨다.
2. 소를 만든다. 냄비에 기름을 두르고 달궈지면 중간 불로 양파를 부드럽게 볶는다. B를 넣고 한소끔 끓인다. 거품을 제거하고 나서 C를 추가해 약한 불로 물기가 잦아들 때까지 조린다.
3. 1을 여덟 등분한 다음 지름 15cm 크기의 둥근 모양으로 납작하게 민다. 180도 기름에 5분, 양면을 알맞게 튀긴다. 2의 소를 빵 사이에 집어넣는다.

Advice 〉 피의 분량이 모자라면 만들기 어려우니 레시피는 8인분으로 준비합니다.

오늘 저녁은 스테이크다!

우루과이

상큼한 BBQ 소스를 곁들인 소고기 스테이크
아사도 치미추리 Asado chimichuri

남미의 만능 소스인 치미추리를 곁들여 먹는 스테이크.
파슬리가 들어간 소스가 고기의 담백한 맛을 살려줍니다. 다른 고기 요리에도 사용해보세요.

15 min

재료(2인분)

스테이크용 소고기 2덩어리
소금·후추 조금
올리브오일 1큰술
A 양파 1/2개(다지기), 파슬리 한줌(다지기)
    다진 마늘 1/2작은술
    셰리 식초 sherry vinegar(또는 식초) 2큰술
    올리브오일 2큰술
    오레가노 1/2작은술
    카옌페퍼 2/1작은술
    커민 1/2작은술
    코리앤더 1/2작은술
    흑후추 Black Pepper 1/2작은술

만드는 법

1 소고기에 소금, 후추를 뿌린다.
2 **A**를 섞어 소스를 만든다.
3 프라이팬에 기름을 두르고 달궈지면 강한 불로 **1**을 앞뒤로 3분씩 굽는다. 접시에 모두 담아서 **2**를 뿌린다.

> 고기는 물론, 식초와 채소가 듬뿍 들어가 영양과 균형이 잡힌 고기 요리입니다. ⟨ Advice

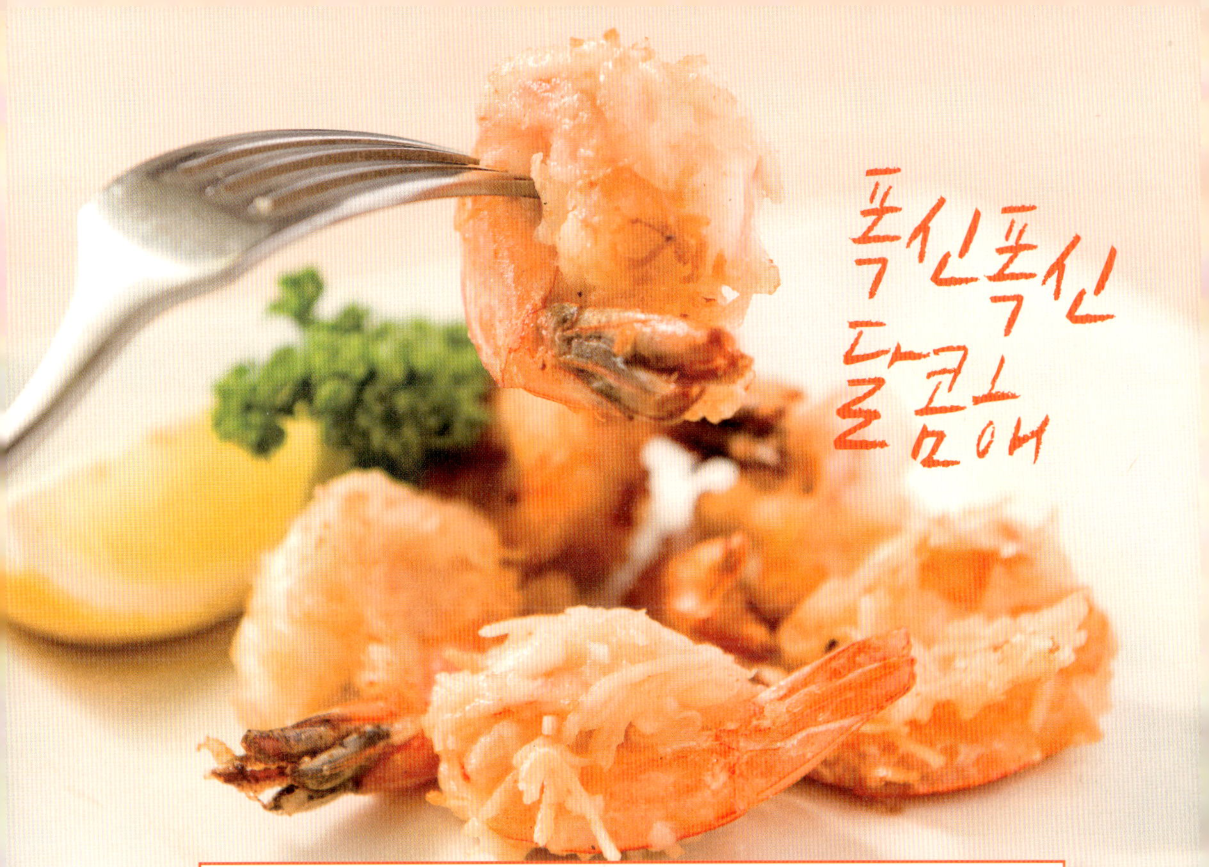

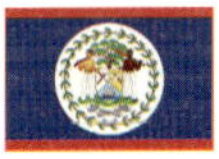

벨리즈

코코넛 새우튀김

코코넛 슈림프 Coconut shrimp

빵가루 대신 코코넛 플레이크로 옷을 입혀요. 1년 내내 여름인 카리브 해의 맛입니다.
소스 없이 소금·후추나 레몬즙을 뿌려 드세요.

20 min

010 / 196

재료(2인분)

통새우 12마리
소금·후추 조금
밀가루 1큰술
우유 3큰술
코코넛 플레이크 적정량

만드는 법

1 새우에 소금·후추를 뿌린다.
2 우유에 갠 밀가루를 묻혀서 코코넛 플레이크를 입힌다.
3 180도 기름에서 3분간 튀긴다.

Advice 〉 코코넛 플레이크는 과자를 파는 곳에 가면 있습니다.

무쳐서 차갑게 하면 되는 간편한 메뉴.
라임과 고수가 훌륭한 역할을 합니다.

10 min

011 — 196

재료(2인분)

양파 1/4개(얇게 썰기), 작은 새우 4마리(삶기)
훈제 연어 8토막, 토마토 1/2개(얇게 썰기)
고수 2줄기(다지기), 라임즙 1/2개분
올리브오일 2큰술, 소금 1/2작은술
후추 조금

만드는 법

1 양파를 5분 정도 물에 담가 둔다.
2 그릇에 재료를 모두 넣고 함께 버무린 다음, 냉장고에 넣어 아주 차갑게 완성한다.(3시간 정도 두면 뼛속까지 시원해져 맛있습니다.)

* 마리네mariné: 와인·식초·기름과 향미 채소 또는 향신료를 넣은 즙을 섞어 생선·고기 등을 재우는 또는 그렇게 만든 요리

에콰도르

여름이면 생각나는 생선과 새우 마리네*
세비체 Ceviche

덩굴강낭콩을 쌀에 섞어 밥을 짓기만 하면 그만.
바베이도스 요리에서 느껴지는 익숙한 맛.

80 min

012 — 196

재료(2인분)

덩굴강낭콩(병아리콩) 100g(물에 하룻밤 담가 두기)
A 쌀 80g(씻어 둔다)
　물 1컵(200mL)
　소금 1/2작은술

만드는 법

1 콩을 불렸던 물과 함께 냄비에 넣고 중간 불에서 30분간 말랑하게 삶는다.
2 1의 콩과 A를 밥솥에 넣은 다음 적당히 물을 붓고 밥을 짓는다.

바베이도스

가끔은 그냥 먹고 싶어지는 콩밥
빈즈 앤 라이스 Beans & Rice

수리남의 흔한 콩 요리.
밥에 얹어서 먹습니다.

50 min

재료(2인분)
덩굴강낭콩(강낭콩) 100g(500mL 물에 하룻밤 담가 두기)
A 마늘 1/2쪽(다지기)
  양파 1/2개(다지기)
올리브오일 1큰술
토마토 펄프 통조림 1/4캔

만드는 법
1 콩을 불렸던 물과 함께 냄비에 넣고 중간 불에서 30분간 말랑하게 삶는다.
2 다른 냄비에 기름을 두르고 달궈지면 중간 불로 A를 익을 때까지 볶는다.
3 토마토 펄프 통조림과 1을 국물째 넣고 중간 불에서 15분간 끓인다.

수리남

빨간콩 토마토 조림
카사미엔토 Casamiento

고기, 채소와 함께 감자튀김을
매콤달콤하게 볶은 요리.

20 min

재료(2인분)
감자튀김(냉동) 200g
스테이크용 소고기 200g(채썰기)
올리브오일 3큰술
A 양파 1/2(얇게 썰기), 피망 2개(골패 썰기)
B 소시지 4개(어슷썰기), 토마토 1/2개(십자썰기)
  커민 1큰술, 소금 3/4작은술
  후추 1/2작은술

만드는 법
1 냉동 감자를 튀긴다.
2 프라이팬에 기름을 두르고 달궈지면 중간 불로 소고기를 노릇노릇하게 볶아 소금·후추를 살짝 뿌린다. A를 넣고 중간 불에서 충분히 볶는다.
3 1과 B를 추가하고 중간 불에서 향신료의 향이 배어나도록 볶는다.

볼리비아

소고기 감자튀김 볶음
피케마초 Pique macho

031

닭고기 옐로페퍼 스튜

아히 데 갈리나 Aji de gallina

페루

옐로페퍼로 만든 카레 같은 요리. 식빵으로 걸쭉함을 더하는 조리법도 신선합니다.
먹다 보면 땀이 축축하게 맺힙니다. 산뜻한 외관과 맛이 여름에 딱 어울립니다.

015 / 196

재료(2인분)

닭가슴살 300g
식빵 1/2장(6등분)
우유 1컵(200mL)
A 마늘 1쪽(다지기)
　　양파 1개(얇게 썰기)
샐러드오일 1큰술
B 옐로페퍼 2큰술
　　파르마산 치즈 1큰술
삶은 감자 2개(얇게 썰기)
삶은 달걀 2개(가로로 4등분하기)
소금 1작은술
후추 1/2작은술

만드는 법

1 냄비에 닭고기와 물(적당량)을 넣고 한소끔 끓인다. 거품을 제거한 다음 약한 불에서 20분간 삶는다. 열을 식힌 뒤 손으로 잘게 찢어서 삶았던 물에 그대로 담가 놓는다.

2 식빵을 우유에 담가서 5분간 두었다가 믹서에 간다.

3 다른 냄비에 기름을 두르고 달궈지면 중간 불로 **A**를 충분히 볶는다. **2**를 추가하고 약한 불에서 15분간 끓인다. **1**과 삶았던 물을 붓고 카레처럼 농도를 걸쭉하게 맞춘다. 소금·후추로 간을 한다.

4 밥과 감자에 뿌리고 삶은 달걀로 장식한다.

요리로 보는 세계 2

잉카제국에서도 먹었던 감자

페루 하면 무엇이 떠오르나요? 나스카의 거대한 지상화나 잉카제국이 번영했던 마추픽추 같은 고대문명을 꼽는 분이 많을 것입니다. 지금까지도 풀리지 않는 미스터리가 남아 있는 지역인데요, 그런 무대 가운데 한 곳이자 안데스 산맥에 자리한 안데스 지방은 '식재료의 보고'라 불리는 다양한 채소의 원산지기도 합니다.

감자, 토마토, 옥수수 등 평소 우리 식탁에 올라오는 채소들이 많습니다. 잉카제국이 번영했던 근간에는 이처럼 안정된 식재료가 존재했습니다. 이후 스페인 사람이 유럽에 소개하면서 세계 각지로 퍼져나갔습니다. 특히 감자는 전 세계를 기근에서 구한 슈퍼 채소입니다. 페루에는 감자만 1,000개 이상의 품종이 존재하고, 수도인 리마에서는 감자 축제를 개최할 정도로 소울푸드로 통합니다.

아히 데 갈리나는 현지에서 주로 감자에 얹어 많이 먹는데, '감자를 맛있게 먹기 위한 요리'라고 해도 과언이 아닙니다. 맛있는 감자가 있으면 꼭 이 요리를 만들어서 따끈따끈한 감자 위에 얹어 먹어보세요.

Advice 〉 옐로페퍼(아마리요 Amarillo) 병조림은 인터넷이나 해외 식료품점에서 구매할 수 있습니다.

이건, 구운 옥수수 맛인데!

다진 고기 옥수수 그라탱

칠레

❂ 파스텔 데 초클로 Pastel de choclo ❂

그라탱 표면에 옥수수 페이스트를 얹은 요리. 노릇노릇 구운 옥수수 향은 축제의 향기. 달콤함이 가득하고 고기와의 조합이 훌륭합니다.

60 min

016 — 196

재료(2인분)

A 통조림 옥수수 200g
버터 1큰술(12g)
우유 1/4컵(50mL)
소금 1/2작은술, 후추 조금

B 다진 고기 200g
양파 1/4개(다지기)
마늘 1/2쪽(다지기)
올리브오일 1큰술
커민 1/2작은술
설탕 1작은술, 소금 1/2작은술
후추 조금

만드는 법

1 **A**를 입자감이 살짝 남을 정도로 믹서에 간다. 냄비에 부어서 중간 불로 5분간 끓인다.

2 그릇에 **B**를 넣고 잘 섞는다.

3 내열용 그릇에 **2**를 펴서 깔고 **1**을 빈틈없이 덮은 다음 200도 오븐에서 40분간 굽는다.

034

그라탱인데 신기하게도 일본의 마쓰리가 떠오르는 맛입니다. ❮ **Advice**

지구 반대편에서도 인기, 마카로니 그라탱

세인트 빈센트 그레나딘

마카로니 파이 Macaroni pie

어른, 아이 가릴 것 없이 누구나 좋아하는 마카로니 그라탱은 전 세계 어디서나 인기 있는 맛입니다. 재료도 만드는 법도 전혀 다르지 않아요.

40 min

017 / 196

재료(2인분)

밀가루 박력분 20g
우유 1컵(200g)
버터(소스용) 20g
소금 1/4작은술
후추 조금
양파 1/2개(얇게 썰기)
버터(소 재료용) 1큰술(12g)
데친 마카로니 100g
빵가루 한 줌

만드는 법

1. 화이트소스를 만든다. 냄비에 버터를 녹인 다음 약한 불에서 저어가며 박력분 밀가루를 넣는다. 우유를 조금씩 부으면서 섞는다. 소금·후추로 간을 한다.

2. 다른 냄비에 버터를 녹인 다음 중간 불로 양파를 부드럽게 볶는다. 1과 마카로니를 넣고 중간 불에서 잘 섞어가며 한소끔 끓인다.

3. 내열용 그릇에 2를 채우고 빵가루를 뿌린 뒤 230도 오븐에서 20분간 굽는다.

Advice › 소스를 만들 때는 응어리가 지지 않도록 우유를 조금씩 부어가며 저어주세요.

닭고기와 카사바를 넣고 진하게 끓여낸 수프

산코초 Sancocho

파나마

타피오카의 원료인 카사바로 만든 수프. 토란으로 대체해도 됩니다.
닭 육수에서 카사바의 달콤하고 깊은 맛이 납니다.

50 min

018 / 196

재료(2인분)

- **A** 닭봉 6개
     양파 1/2개(얇게 썰기)
- 올리브오일 2큰술
- 물 2컵(400mL)
- 카사바(또는 토란) 6개
- 고수잎 3줄기(큼직하게 썰기)
- 소금 3/4작은술

만드는 법

1. 냄비에 기름을 두르고 달궈지면 A를 중간 불에서 색이 변할 때까지 볶는다.
2. 물을 붓고 한소끔 끓인다. 거품을 없앤 다음 카사바를 넣고 약한 불로 30분간 끓인다.
3. 고수잎을 넣고 소금으로 간을 맞춘다.

Advice 생카사바는 구하기 힘들지만, 삶아서 냉동시킨 제품은 인터넷에서 구매할 수 있습니다.

생크림이
아주 절묘해

쿠바

감자와 옥수수를 넣은 매운 치킨 수프
❊ 아히아코 Ajiaco ❊

쿠바의 소울 푸드(수프)입니다. 감자와 옥수수와 아보카도의 식감이 인상적이에요!
생크림과 고수풀과 케이퍼가 절묘하게 잘 어울려요!

50 min

019 / 196

재료(2인분)

A 닭다리살 1/2덩어리, 고수풀 3줄기
  다진 마늘 1/2작은술, 물 2컵(400mL)
감자 2개(한입 크기로 썰기)
화이트 자이언트 콘(있으면) 6알
소금 1/2작은술

B 케이퍼Caper 3알(다지기)
  아보카도 1/2개(깍둑썰기)
생크림 적정량

C 다진 대파 1작은술
  다진 고수 1작은술
  다진 고추 1작은술
  샐러드오일 1큰술

만드는 법

1. 냄비에 **A**를 넣고 한소끔 끓어오르면 약한 불에서 30분간 끓인다. 닭고기만 꺼내 잘게 찢는다.

2. 감자를 추가해 약한 불에서 15분간 부서질 정도로 푹 삶는다. **1**을 다시 넣고 자이언트 콘도 마저 넣은 다음 소금으로 간을 맞춘다.

3. 그릇에 보기 좋게 담아 **B**를 올리고 생크림을 두른다. **C**를 섞어서 기호에 맞게 곁들인다.

Advice 〉 케이퍼는 오이피클로 대신할 수 있습니다.

소고기 마데이라 와인 조림

베네수엘라

카르네 메차다 Carne mechada

스위트 디저트 와인인 마데이라 와인으로 조린 요리.
고급 소고기 요리인 만큼 남은 와인과 함께 특별한 날 식탁에 꼭 올려보세요.

100 min

재료(2인분)

소고기 사태살 100g
양파 1/2개(잘게 다지기)
올리브오일 1큰술
A 빨간 파프리카 1/2개(채썰기)
   토마토 펄프 통조림 1/2캔
   마데이라 와인 1/2컵(50mL)

만드는 법

1. 냄비에 소고기와 물을 넣고 한소끔 끓인다. 거품을 걷어내고 약한 불에 1시간 삶는다. 소고기는 잘게 찢는다.
2. 냄비에 기름을 두르고 달궈지면 중간 불로 양파를 충분히 볶는다.
3. 1과 A를 넣고 약한 불에서 30분간 끓인다.

Advice 마데이라 와인은 와인 전문 유통점을 통해 구매할 수 있습니다. 스위트 레드와인으로 대체해도 됩니다.

닭고기 옥수수 경단 수프
🏁 **파라과이**
🍴 보리 데 포요 Bori de pollo 🍴

옥수숫가루로 만드는 경단 수프입니다. 쫄깃하게 씹는 맛이 포만감을 가득 안겨줍니다. 오레가노가 수프의 악센트 역할을 합니다.

 80 min

021 / 196

재료(2인분)

- **A** 옥수숫가루 50g
  모차렐라 치즈 30g
  뜨거운 물 60~70mL
- **B** 토마토 펄프 통조림 1/2캔
  물 1컵(200mL)
  닭봉 6개
- **C** 양파 1/2(얇게 썰기)
  피망 1개(채썰기)
  오레가노 1/2작은술
- 소금 1/2작은술
- 후추 조금

만드는 법

1. 그릇에 **A**를 넣고 잘 섞은 다음 직경 2cm 크기로 경단을 만든다.
2. 냄비에 **B**를 넣고 한소끔 끓인다. 닭봉을 넣고 다시 한소끔 끓인다. 거품을 걷어내고 **C**를 넣은 다음 약한 불에서 30분간 끓인다.
3. 1의 경단과 소금·후추를 넣고 30분간 더 끓인다.

Advice 〉 경단 반죽을 섞을 때는 뜨거운 물을 사용하므로 데지 않도록 조심하세요.

어른의 술안주

소금에 절인 대구와 흐물흐물한 토마토 조림

앤티가 바부다

솔트 피시 Salt fish

대구의 풍미가 물씬 나는 조림 요리.
보기보다 맛이 진해서 술안주로 조금씩 드시면 좋아요.

⏰ 40 min

재료(2인분)

대구(또는 말린 대구) 2토막
A 양파 1/2개(잘게 다지기)
    피망 1개(채썰기)
올리브오일 2큰술
B 토마토 펄프 통조림 1/2캔
    물 1/4컵(50mL)
소금 1작은술

만드는 법

1. 대구의 껍질과 뼈를 제거한다.
2. 냄비에 기름을 두르고 달궈지면 중간 불로 A를 충분히 볶는다.
3. B를 넣고 한소끔 끓인 다음 대구를 집어넣는다. 거품을 제거하고 약한 불에서 저어가며 30분간 끓인다.(흐물흐물해도 괜찮다.)
4. 소금으로 간을 맞춘다.

Advice 말린 대구를 사용한다면 염분을 제거해주세요.

메이플시럽 소스를 뿌린 연어 소테*
연어구이와 메이플 소스 salmon saute & Maple sauce

캐나다

북미의 명물이 만난 맛있는 요리.
메이플시럽과 와인 비니거 소스로 아주 품격 있는 맛을 완성합니다.

20 min

재료(2인분)

연어 2토막
소금·후추 조금
올리브오일 3큰술
A 메이플시럽 5큰술
   와인 비니거 2큰술
   소금 1/2작은술
   후추 조금

만드는 법

1. 연어에 소금·후추를 뿌린다. 프라이팬에 기름을 두르고 달궈지면 중간 불로 8분씩 양쪽 면이 노릇노릇하게 굽는다.
2. A를 섞어준 다음 1에 뿌린다.

* 소테: 서양 요리의 하나로, 고기에 버터나 오일을 발라 프라이팬 또는 철판에 굽는 요리.

Advice 〉 구울 때 웬만하면 생선을 건드리지 마세요. 프라이팬을 움직이는 정도는 괜찮습니다.

그레나다 — 카레 맛 감자 크레이프
로티 Roti

아시아권에서도 로티(크레이프)를 즐겨 먹지만 중미에서는 주로 달지 않은 반찬으로 먹습니다.
향신료를 가미한 소를 스낵으로 즐겨보세요.

40 min

024 / 196

재료(2인분)

감자 2개
A 가람 마살라 1/2작은술
    커민 1/2작은술
    코리앤더 1/2작은술
    터메릭 1/2작은술
    소금 1작은술
소프트 토르티야(시판용) 2장
올리브오일 2큰술

만드는 법

1 감자를 삶는다. 그릇에 감자를 넣고 으깬 다음 A를 추가해 잘 섞는다.
2 토르티야에 1의 절반을 얹어 둥글게 만다. 이것을 2개 만든다.
3 프라이팬에 기름을 두르고 달궈지면 2를 얹고 약한 불에서 양쪽 면을 앞뒤로 10분씩 노릇노릇하게 굽는다.

> Advice 매운 것을 잘 먹으면 카엔페퍼나 맛을 가미하는 추가하는 것도 추천합니다.

근사한 핫 샌드위치네

코스타리카

아보카도 치즈 토마토 케사디야
케사디야 Quesadilla

중미 지역의 국민 음식입니다. 토마토와 아보카도, 치즈.
이 조합은 심플해도 정말 맛있어요!

25 min

024 / 196

재료(2인분)

소프트 토르티야(시판용) 4장
A 아보카도 1개(얇게 썰기)
　　토마토 1개(얇게 썰기)
　　여러 가지 치즈 80g
소금·후추 조금
올리브오일 1큰술

만드는 법

1 토르티야 피의 절반에 **A**를 얹고 소금·후추를 뿌린다. 피를 반으로 접는다.
2 프라이팬에 기름을 두르고 달궈지면 아주 약한 불에서 양쪽 면을 앞뒤로 10분씩 노릇노릇하게 굽는다.

Advice 〉 토르티야 피를 집에 구비해 두면 요리의 폭이 조금 넓어집니다.

라틴아메리카의 소고기 카레
비프 카레 Beef Curry

일본 카레보다 매운맛이 나며 밥보다 난이 어울리는 카레.

90 min

재료(2인분)

A 소고기 사태살 100g(한입 크기로 썰기), 물 2컵(400mL)
B 다진 마늘 1작은술, 다진 생강 1작은술
  양파 1개(채썰기)
올리브오일 1큰술, 토마토 펄프 통조림 1/2캔
C 가람 마살라 1작은술, 카레 가루 3큰술, 터메릭 1큰술
소금 1작은술

만드는 법

1 냄비에 **A**를 넣고 한소끔 끓인다. 거품을 제거하고 약한 불에서 30분간 삶는다.
2 다른 냄비에 기름을 두르고 달궈지면 약한 불로 **B**를 20분간 충분히 볶는다.
3 **C**를 추가해 향이 나기 시작하면 토마토 펄프와 **1**을 삶은 육수와 함께 넣고 한소끔 끓인다. 거품을 제거하고 소금을 뿌린 다음 약한 불에서 30분간 끓인다.

플랜틴 바나나
플랜틴 바나나 Plantain banana

요리용 바나나를 삶은 것.
감자 같은 맛이 납니다.

6 min

재료(2인분)

플랜틴 바나나 2개

만드는 법

1 바나나를 세로로 길게 반을 갈라서 한입 크기로 썬다.
2 냄비에 물을 넣고 **1**을 중간 불로 5분간 삶는다.

바삭한 튀김옷에 폭신폭신한 생선 살.
고소한 생선 냄새가 후각을 사로잡습니다.

15 min

028 — 196

재료(2인분)

밀가루 50g
달걀 푼 것 1/2개분
물 3~5큰술
흰 살 생선(농어나 가자미) 2토막(한입 크기로 썰기)
소금·후추 조금

만드는 법

1. 밀가루에 달걀 푼 것과 물을 넣고 튀김옷을 만든다.(핫케이크 정도의 농도)
2. 흰 살 생선에 소금·후추를 뿌리고, 1을 묻혀 180도 기름에 5분 정도 튀긴다.

바하마

카리브 해의 흰 살 생선튀김
피시 프리터 Fish fritter

소박한 단맛의 푸딩.
무언가 직접 만들고 싶을 때.

190 min

029 — 196

재료(2인분)

A 옥수숫가루 50g
    우유 1/4컵(50mL)
    코코넛밀크 1/2컵(100mL)
    설탕 25g
시나몬 가루 적당히

만드는 법

1. 그릇에 A를 넣고 엉기지 않도록 잘 젓는다.
2. 1을 냄비에 넣고 약한 불에 저어가면서 데운다. 끈기가 생기기 시작하면 그릇에 옮긴다.(케첩 정도의 농도)
3. 냉장고에서 3시간 식힌 다음 시나몬 가루를 뿌린다.

도미니카공화국

부드러운 옥수수 푸딩
콘 푸딩 Corn pudding

새까만 검은콩 조림

브라질

페이조아다 Feijoada

브라질 국민 음식이라 불리는 스튜 요리입니다. 검은콩의 단맛과 고기의 풍미가 멋지게 어울립니다.
매시트포테이토처럼 곁들이는 음식으로 먹어도 OK.
걸쭉하면서도 부드럽고 담백한 맛에 여성들이 좋아할 것 같아요.

재료(2인분)

검은콩 100g(물 500mL에 하룻밤 담가 둔다)
A 얇게 다진 돼지고기 50g(한입 크기로 썰기)
    양파 1/2개(잘게 다지기)
    당근 1/2개(반달썰기)
    마늘 1쪽(다지기)
    올리브오일 1큰술
생강즙 1큰술
소금·후추 조금

만드는 법

1 콩을 불렸던 물과 함께 냄비에 붓고 중간 불에서 30분간 말랑하게 삶는다.
2 다른 냄비에 기름을 두르고 달궈지면 중간 불로 A를 5분 정도 볶는다. 1을 국물째 붓고 한소끔 끓인다. 거품을 제거하고 약한 불에 20분간 끓인다.
3 생강즙을 첨가한 다음 소금·후추로 간을 맞춘다.

요리로 보는 세계 3

브라질 사람들의 스태미나 비결

브라질은 뭐니 뭐니 해도 축구와 정열적인 카니발의 나라이지요. 이 요리에는 그런 혈기 왕성한 분위기에서는 상상할 수 없는 일화가 존재합니다. 이 요리의 탄생에는 여러 가지 설이 있는데, 그중에 하나가 지주와 노예의 이야기입니다.

아직 노예제도가 남아 있던 시절, 노예들은 지주가 남긴 돼지고기 비개나 귀 등을 값싼 콩과 함께 조리해서 먹었습니다. 어느 날 맛있는 냄새에 이끌린 지주가 "그 요리를 한번 먹어봤으면 좋겠군" 하고 말했습니다. 먹어봤더니 굉장히 맛있는 거예요. 게다가 염분도 보충할 수 있어 스태미나에도 좋고요. 지주는 "이건 아주 훌륭한 음식이야!" 하고 인정하며 크게 흡족해했습니다. 이 요리는 그런 소문과 함께 브라질 전역으로 퍼져서 오늘날에는 지위나 계층에 관계없이 전 국민이 즐겨 먹는 음식이 됐습니다. 브라질에 가면 시내 레스토랑에는 '반드시'라고 해도 될 정도로 메뉴에는 어김없이 이 요리 이름이 적혀 있습니다.

원래 흑인들의 고육지책 끝에 탄생한 요리였지만, 지금은 모두에게 사랑받는 맛있는 요리가 되었습니다. 요리만 보고는 알 수 없지만, 그 뒤에 숨어 있는 다양한 역사가 흥미롭네요.

전 세계에서 활약하는 축구 선수나 카니발이 굉장히 파워풀한 데에는 이 요리의 영향이 컸을지도 모르겠습니다.

Advice > 생강은 가능하면 즙을 사용. 잡냄새를 없애고 체온을 올려주는 효과가 있습니다.

옥수수 경단 치마키*

니카라과

❉ 나까따말 Nakatamal ❉

옥수숫가루로 만든 치마키. 라드**를 사용하면 원조의 맛이 납니다.
현지에서는 휴일 아침밥으로 자주 먹습니다.

50 min

재료(2인분)

A 옥수숫가루 100g
   라드(또는 샐러드오일) 1큰술
   물 1/4컵(50mL)
   소금 1/2작은술
B 토마토 1/4개(얇게 썰기)
   피망 1/2개(채썰기)
   쌀 2작은술

만드는 법

1. 그릇에 A를 넣고 잘 반죽해서 2등분한다.
2. 바나나 잎(또는 알루미늄 포일)에 1을 얹은 다음 그 위에 B를 올린다. 찜기에 넣고 중간 불에서 40분간 찐다.

* 치마키: 띠나 대나무 잎으로 말아서 찐 떡
** 라드: 돼지지방을 정제한 기름

Advice 바나나 잎은 인터넷이나 마트에서 구입할 수 있습니다. 일본식으로 대나무 잎을 싸서 만들어도 맛있어요.

콩과 치즈를 바삭하게 구운 호떡

엘살바도르

🌽 푸푸사 Pupusa 🌽

보기보다 두툼한 호떡입니다.
치즈가 들어 있어 부스러지지 않아 먹기 편해서 어린아이부터 할머니까지 아주 좋아할 거예요.

60 min

032 / 196

재료(2인분)

블랙 터틀빈(또는 강낭콩) 100g(하룻밤 물에 담가 둔다)
A 밀가루 박력분 300g
   물 150mL
   소금 1/2작은술
소금 1/2작은술
여러 가지 치즈 100g
샐러드오일 2큰술

만드는 법

1 콩을 불렸던 물과 함께 냄비에 담아서 중간 불로 30분간 말랑하게 삶는다.

2 피를 만든다. 그릇에 **A**를 넣고 잘 반죽한 다음 상온에서 30분간 숙성시킨다.

3 소를 만든다. **1**을 마구 으깨서 소금을 넣고 잘 섞는다.

4 피를 여덟 등분한 다음 둥글게 뭉쳐서 안에 **3**과 치즈를 넣고 밀방망이로 납작하게 민다.

5 프라이팬에 기름을 두르고 달궈지면 약한 불로 **4**를 앞뒤로 5분씩 노르스름하게 굽는다.

Advice 〉 밀방망이로 펼 때는 찢어지지 않도록 천천히 조금씩 밀면 좋습니다.

049

닭튀김과 오크라 소스

가이아나

🥢 오크라 치킨 Okra Chicken 🥢

바삭하게 튀긴 닭고기에 걸쭉한 오크라 소스. 도시락에 아주 잘 어울리는 반찬입니다. 밥에 치킨과 소스를 얹은 단품 요리로도 제격.

60 min

재료(2인분)

A 닭다리살 1토막(한입 크기로 썰기)
  달걀 푼 것 1개분, 다진 마늘 1/2작은술
  다진 생강 1/2작은술
  밀가루 2큰술, 옥수수 전분 3큰술
  간장 1큰술, 소금 1/2작은술

B 오크라 6개(통썰기)
  양파 1/2개(얇게 썰기)

올리브오일 2큰술

C 토마토 펄프 통조림 1/2캔
  물 1/2컵(100mL)

소금 1/2 작은술

만드는 법

1. 프라이드치킨을 만든다. 그릇에 **A**를 담고 잘 버무려서 냉장고에 30분간 재운다.
2. 180도 기름에 **1**을 5분간 튀긴다.
3. 소스를 만든다. 냄비에 기름을 달군 후 중간 불로 **B**를 충분히 볶는다. **C**를 추가해서 한소끔 끓인다. 거품을 제거하고 약한 불에서 20분간 끓인다. 소금을 뿌려 간을 맞춘다.

프라이드치킨의 포인트는 옥수수 전분. 바삭하게 튀겨요. ‹ **Advice**

처음 느끼는 맛

닭고기 콜라 스튜

과테말라

포요 기사로 콘 코카콜라 Mole poblano

콜라에 채소와 닭고기를 푹 끓인 일품요리. 탄산이 고기를 야들야들하게 해줍니다.
평소와는 다른 음식이 먹고 싶을 때 꼭 도전해보세요.

40 min

재료(2인분)

A 마늘 1쪽(다지기)
　생강 엄지손가락만 한 크기(다지기)
　감자 2개(대강 썰기)
　양파 1/2개(얇게 썰기)
　당근 1/2개(은행잎 썰기)
올리브오일 2큰술
닭다리살 1덩어리(한입 크기로 썰기)
B 파프리카 빨간색·노란색 각 1/2개(채썰기)
　피망 1개(채썰기)
　토마토 펄프 통조림 1/2캔
　콜라 180mL, 타임 1/2작은술
　소금 1작은술, 후추 1/2 작은술

만드는 법

1 냄비에 기름이 달궈지면 중간 불로 **A**를 충분히 볶는다. 닭고기를 넣고 노릇노릇해질 때까지 볶는다.

2 **B**를 추가하고 한소끔 끓인다. 거품을 제거한 다음 약한 불에서 국물이 2/3 가량 되게 졸인다.

Advice) 콜라의 탄산이 고기를 부드럽게 해서 요리에 감칠맛을 내는 효과가 있습니다.

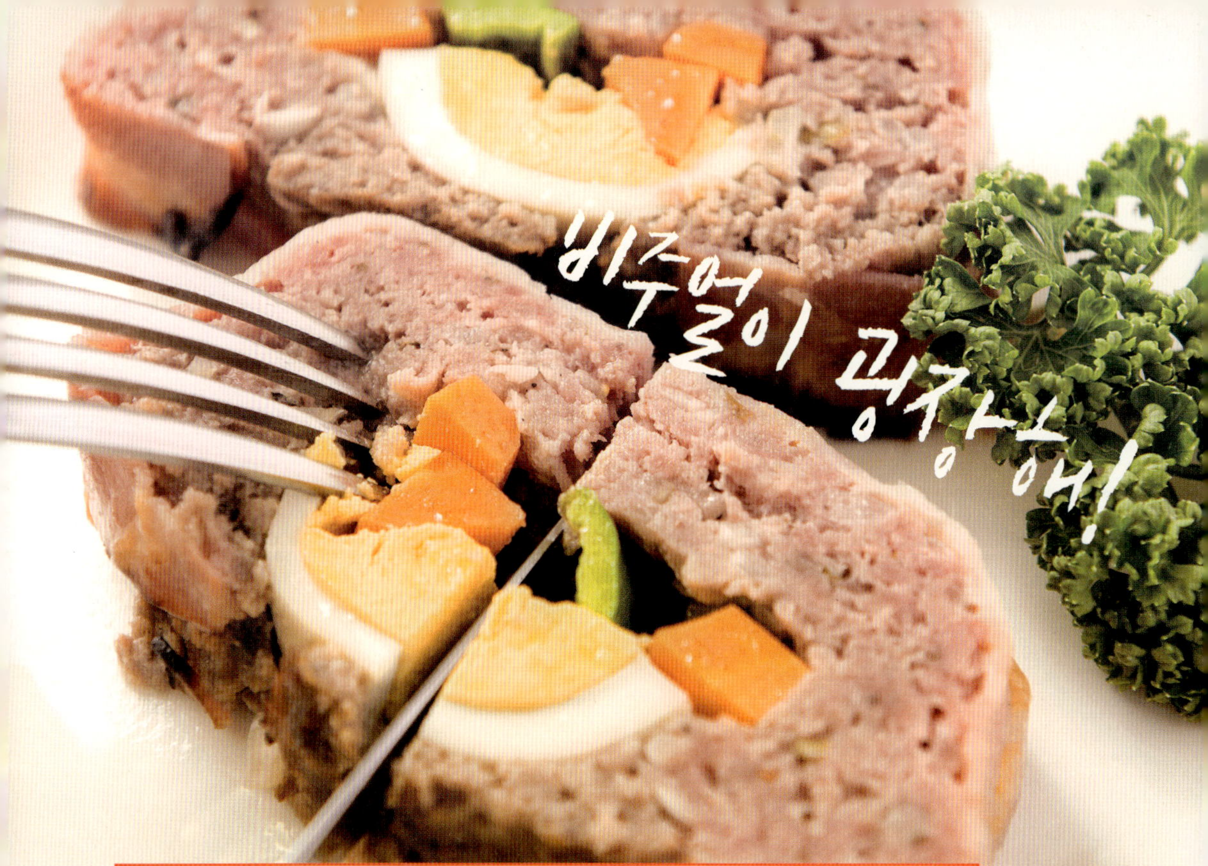

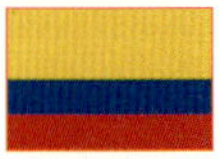

콜롬비아

남미식 미트로프 베이컨 말이

알본디곤Albondigon

베이컨, 다진 고기, 채소를 넣어 초밥처럼 말아서 구워낸 근사한 미트로프.
식어도 고기 맛이 좋고 보기에도 푸짐합니다.

120 min

035/196

재료(2인분)

A 다진 고기 500g
양파 1/2개(다지기)
소금 1.5작은술
후추 조금

베이컨 6장

B 삶은 달걀 3개(세로로 2등분하기)
당근 1/2개(스틱 모양으로 썰기)
피망 1개(골패 썰기)

만드는 법

1 그릇에 **A**를 담고 잘 버무린다.

2 내열용 그릇에 베이컨을 살짝 겹쳐서 늘어놓는다. 그 위에 **1**을 절반만 펴서 깔고, **B**를 가지런히 올린다. 그 위에 남아 있는 **1**을 덮는다. 맨 위를 베이컨으로 완전히 덮는다.

3 200도 오븐에서 40분간 굽는다.

4 상온에서 1시간 두었다가 자른다.

식은 뒤 자르는 편이 고기가 부서지지 않고 단면을 예쁘게 자를 수 있습니다. 〈 **Advice**

'유럽' 요리를 집에서 즐겨요

EUROPE

프랑스 코스 요리, 이탈리아 피자, 독일 소시지 같은 유럽 음식은 전 세계인이 즐기는 대중적인 음식이 되었습니다. 그렇지만 실제로 각국에서 먹는 서양 요리는 유럽이나 아메리카 현지 요리와 똑같지는 않고 대부분 해당 국가의 기호에 맞게 변형되었습니다.

50개국이나 되는 유럽의 음식은 한데 묶을 수 없을 만큼 다양한 점이 특징입니다. 모양도 맛도 이런 요리가 있었다니! 하고 분명 깜짝 놀라게 될 것입니다.

발사믹 식초를 곁들인 참치 아보카도 샐러드

이탈리아

❧ 인살라타 디 톤노 에 아보카도 Insalata di Tonno e avocado ❧

참치와 아보카도의 조합은 워낙 잘 어울려 모두의 입맛을 사로잡습니다. 이 두 가지 재료에 오일과 발사믹 식초를 넣어 이탈리아식으로 맛을 냈습니다. 빵과 와인, 의외로 밥하고도 잘 어울립니다.

30 min

재료(2인분)

참치(붉은 살) 100g(깍둑썰기)
파 1줄기(한입 크기로 썰기)
아보카도 1개(깍둑썰기)
올리브오일 2큰술
간장 1작은술
발사믹 식초 3큰술
소금 1/2작은술
후추 조금

만드는 법

1. 그릇에 재료를 모두 넣고 골고루 섞는다.
2. 그릇에 보기 좋게 담아 올리브오일(적당량)을 두른다.

Advice 〉 아보카도는 살짝 눌렀을 때 무른 것이 먹기 좋게 익은 것이니까 잘 골라서 삽시다.

닭고기 치즈 구이

산마리노

❧ 폴로 알라 파르미자나 Pollo Alla Parmigiana ❧

닭고기, 치즈, 토마토를 노릇노릇하게 구워 냄새도 맛도 훌륭한 요리. 온통 입안이 육즙으로 가득 차 말로 표현할 수 없을 만큼 환상적입니다.

10 min

재료(2인분)

닭다리살 1덩어리(2등분하기)
소금·후추 조금
밀가루 적당량
달걀 푼 것 1개분
올리브오일 3큰술
토마토 1/2개(얇게 썰기)
파르마산 치즈 40g

만드는 법

1. 닭고기에 소금·후추를 뿌려 밀가루를 묻힌 다음 달걀을 푼 물에 적신다.
2. 프라이팬에 기름을 두르고 달궈지면 강한 불에서 **1**을 앞뒤로 노릇노릇하게 굽는다.
3. **2**를 내열성 그릇에 옮겨 담고 토마토, 치즈를 얹어 230도 오븐에서 10분간 굽는다.

Advice 〉 닭고기를 돼지고기나 대구 같은 흰 살 생선으로 대신해도 맛있게 완성되므로 시도해보세요.

와인이 마시고 싶네

지중해 오징어순대

키프로스

칼라마리 예미스타 Calamari gemista

다소 고급스럽게 먹는 유럽의 오징어순대. 토마토와 레드와인에 조립니다. 오징어 속에 채워 넣은 밥은 계피로 맛을 냈습니다.

60 min

038 / 196

재료(2인분)

오징어 2마리
A 양파 1/2개(다지기)
   쌀 100g(씻어 둔다)
   계피 1/2작은술
올리브오일(소의 재료) 3큰술
B 토마토퓌레(시판용) 1/2컵(100mL)
   물 1/4컵(50mL)
   소금 1/2작은술
   후추 조금
올리브오일 3큰술
레드와인 1컵(200mL)

만드는 법

1. 오징어의 내장과 뼈를 제거한 다음 미끌미끌한 표면을 잘 씻어낸다. 다리는 다진다.

2. 냄비에 기름을 두르고 달궈지면 중간 불로 오징어 다리와 A를 5분간 볶는다. B를 추가하고 약한 불에서 15분간 끓인다.

3. 오징어 몸통에 2를 채우고 나서 이쑤시개로 꿰어 고정한다. 프라이팬에 기름을 두르고 달궈지면 중간 불로 표면을 노릇노릇하게 굽는다.

4. 와인을 붓고 한소끔 끓인다. 거품을 제거하고 약한 불에서 30분간 조린다.

조리다가 보면 오징어 몸통은 쪼그라들고 쌀은 불기 때문에 여유 있게 속을 채울 것. ‹ Advice

건포도가
신의 한 수!

아르메니아

속에 쌀을 채워 오븐에 구운 닭고기
❦ 아미추 Amich ❦

쌀을 닭고기로 말아서 구워낸 먹음직스러운 요리. 육즙이 스민 쌀을 맛보는 순간 행복감이란! 어쩌다가 씹히는 건포도 때문에 자꾸자꾸 먹게 됩니다.

재료(2인분)

밥 1공기 가득
버터 20g
닭다리살 2덩어리
건포도 20g
소금·후추 조금

만드는 법

1. 밥에 버터를 섞어 식힌다.
2. 닭고기를 5mm 두께로 얇게 저며서 넓적하게 만든다.
3. 2에 1을 얹고 소금·후추를 뿌린 다음 건포도를 올린다. 닭고기를 돌돌 말아 실로 묶는다.
4. 230도 오븐에서 20분간 노릇노릇하게 굽는다.

Advice 〉 닭고기에 넣는 재료는 채소나 찹쌀 대신 넣어도 맛있으니 시도해보세요.

어른을 위한 스튜야

아일랜드

어른을 위한 쌉쌀한 소고기 기네스 스튜
❧ 기네스 스튜 Guinness stew ❧

새까만 기네스 맥주로 졸인 스튜. 아일랜드는 기네스 맥주의 발상지.
프룬이 흐물흐물 녹아들어 맛을 냅니다.

60 min

재료(2인분)

소고기 사태살 300g(한입 크기로 썰기)
밀가루 적당량
샐러드오일 1큰술

A 마늘 1/2쪽(다지기)
　　양파 1개(큼직하게 썰기)

B 샐러리 1줄기(대강 썰기)
　　당근 1/2개(대강 썰기)

C 프룬 2개
　　토마토 펄프 통조림 1/2캔
　　기네스 맥주 1/2컵(100mL)
　　머스터드 1큰술

만드는 법

1. 소고기에 소금·후추를 뿌린 다음 밀가루를 골고루 묻힌다.
2. 프라이팬에 기름을 두르고 달궈지면 중간 불로 **1**을 노릇노릇하게 볶는다.
3. 다른 냄비에 기름을 두르고 달궈지면 **A**를 충분히 볶는다. **1**과 **B**를 넣고 채소가 익을 때까지 다시 충분히 볶는다.
4. **C**를 넣고 약한 불에서 30분간 끓인다. 도중에 수분이 너무 졸아 들면 물(적당량)을 보충한다. 소금·후추로 간을 맞춘다.

> **Advice** 맥주를 넣으면 고기가 연해지고 쌉쌀하면서도 감칠맛을 내는 효과가 있습니다. 어른을 위한 맛이지요.

농후함의 결정!

프랑스 레스토랑의 맛, 닭고기 크림 스튜
퓌레 아 라 크렘 Purée a la créme

프랑스

뭘 숨기겠어요, 저는 원래 프렌치 셰프입니다. 그런 의미에서 크림을 사용한 기본 요리를 소개합니다. 빵이나 와인에 곁들여 현지 레스토랑의 분위기를 즐겨보세요.

40 min

041 / 196

재료(2인분)

- 닭다리살 1덩어리(한입 크기로 썰기)
- 밀가루 적당량
- 버터 1큰술(12g)
- 화이트와인 50mL
- **A** 생크림 1컵(200g)
  소금·후추 조금
- 삶은 감자 2개(대강 썰기)
- 삶은 당근 1/2개(대강 썰기)

만드는 법

1. 닭고기에 소금·후추를 뿌리고, 밀가루를 골고루 묻힌다. 프라이팬에 버터를 녹인 다음 중간 불로 노릇노릇하게 굽는다.
2. 냄비에 **1**을 옮겨 담아 화이트와인을 추가하고 나서 중간 불로 수분이 1/5정도가 될 때까지 졸인다. **A**를 마저 넣고 약한 불에서 15분 더 끓인다.
3. 삶은 당근, 감자와 함께 보기 좋게 그릇에 담아낸다.

Advice > 생크림을 넣은 다음에 약한 불로 조리. 너무 졸이면 층이 분리되니 주의하세요.

숟가락이 멈추질 않아

🇸🇪 **스웨덴**

안초비 감자 그라탱
≈ 얀손스 프레스텔세 Janssons frestelse ≈

구워질 때 나는 냄새가 야릇한 요리. 생크림의 고소함에 안초비의 짠맛.
구미를 당기는 맛이 계속 입안에 맴돕니다.

재료(2인분)

A 우유 1컵(200mL)
   생크림 1/2컵(100mL)
   소금·후추 조금
양파 1/2개(얇게 썰기)
버터 1큰술(12g)
감자 3개(막대 썰기)
안초비 통조림 1캔(50g)

만드는 법

1. 냄비에 **A**를 붓고 끓기 직전까지 데운다.
2. 프라이팬에 버터를 녹인 다음 중간 불에서 양파를 충분히 볶는다.
3. 내열용 그릇에 감자를 절반만 깔고 **2**와 안초비를 얹은 다음 남은 감자를 그 위에 올린 뒤 **1**을 붓는다.
4. 200도 오븐에서 30분간 노릇노릇하게 굽는다.

Advice 화이트소스를 만들 필요도 없고 의외로 간단하므로 꼭 한번 도전해보세요.

양치는 목동의 파이

🇬🇧 영국

🍴 셰퍼드파이 | Shepherd's pie 🍴

가르는 순간 육즙이 흘러넘치는 영국의 전통 파이. 사실 재료를 이것저것 넣고 굽기만 하면 되는 간단한 집밥 요리입니다. 날씨가 추워질 때 요리해서 드세요.

043 / 196

재료(2인분)

감자 3개
- **A** 버터(소 재료) 2큰술
  소금, 후추 조금
- **B** 우유 1/2컵(100mL)
  생크림 1/4컵(50mL)
- **C** 마늘 1쪽(다지기)
  양파 1/2개(다지기)

버터 1큰술(12g)
- **D** 다진 고기 400g
  타임 조금

만드는 법

1. 감자를 삶아 으깬다. **A**를 섞는다.
2. 냄비에 **B**를 섞어서 한소끔 끓인 다음 **1**과 잘 섞는다.
3. 프라이팬에 버터를 녹여 중간 불에서 **C**를 충분히 볶는다. **D**를 추가해 노릇노릇하게 굽는다.
4. 내열용 그릇에 3을 빈틈없이 깔고 **2**를 얹어서 200도 오븐에 30분간 굽는다.

Advice ▷ 굽기 전 표면에 포크로 무늬를 내보세요. 멋지게 완성됩니다.

061

스페인

투박한 스페인 어부의 영양밥

파에야 Paella

해산물과 토마토 육수가 밥에 가득 배어 있는 스페인을 대표하는 요리입니다.
보기보다 레시피가 아주 간단해서 손님 대접이나 생일 음식으로 꼭 만들어보세요.

60 min

재료(2인분)

A 부용 360g, 사프란 한 주먹
파프리카 파우더 1작은술
소금·후추 조금

B 바지락 12개
오징어 1마리(통썰기)
통새우 6마리(껍질 벗기기)
마늘 1쪽(다지기)
파프리카 빨간색·노란색 각 1/2개(골패 썰기)
피망 1개(골패 썰기)

올리브오일 3큰술, 쌀 180mL(씻지 않기)
토마토소스(시판용) 3큰술

만드는 법

1 냄비에 **A**를 넣고 한소끔 끓인다.

2 프라이팬에 기름을 두르고 달궈지면 중간 불로 **B**를 충분히 볶아 일단 꺼내 둔다.

3 같은 프라이팬에 **1**을 추가해 한소끔 끓인다. 쌀을 넣고 약한 불에서 저어가며 끓인다. 수분의 높이가 쌀과 비슷해지면 불을 끈다.

4 **2**와 토마토소스를 넣고 섞는다. 쿠킹 호일을 씌워 약한 불에 15분간 둔다.

요리로 보는 세계 4

파에야, 어렵지 않아요!

파에야는 어려운 요리의 대명사처럼 알려졌는데요. 실은 그렇지 않습니다. 원래는 어떤 요리였을까요?

파에야의 시초는 여러 가지 설이 있지만, 지중해 연안의 발렌시아 지방에서 처음 만들기 시작했다고 전해집니다. 발렌시아라면 오렌지가 유명하지요. 오렌지 밭에서 식사할 때 큰 냄비에 여러 가지 재료와 쌀을 함께 넣고 밥을 지어 먹었다고 합니다. 이후 바닷가 어부와 뱃사공에게 전해져 시푸드 파에야가 탄생했어요. 스페인에는 다양한 종류의 파에야가 있는데도 해산물을 넣은 종류가 맛이 강해서 그런지 세계적으로는 시푸드의 이미지가 강합니다.

다시 말해 쉽게 구할 수 있는 재료를 잔뜩 넣고 밥을 지었던 심플한 요리가 바로 파에야입니다. 너무 따지지 말고 투박하게 맛을 즐겨보면 어떨까요.

오후 휴식 시간인데도 개의치 않고 파에야 만드는 법을 친절하게 알려준 레스토랑 셰프.

스페인의 길거리에서 본 하몽 세라노라는 생햄. 천정에 매달린 수많은 고기.

Advice 〉 어부의 요리이므로 세세한 부분에 신경 쓰지 말고 투박하게 만들어봅시다.

치즈가
쭈욱~

코티지치즈가 든 폭신폭신한 파이

세르비아

뵈렉 Burek

춘권 피에 치즈를 끼워서 구운 요리. 아침에 혹은 가벼운 식사로 안성맞춤.
한입 베어 무는 순간 잔뜩 녹아내리는 치즈가 끝내줍니다.

30 min

045 / 196

재료(2인분)

A 달걀 1개
  코티지치즈 200g
  크림치즈 100g
  소금·후추 조금
춘권 피 2장
녹인 버터 50g

만드는 법

1. 그릇에 A를 넣고 섞는다.
2. 내열용 그릇에 녹인 버터를 바르고 춘권 피를 깐 다음 1을 넓게 편다. 그 위에 다시 춘권피를 덮는다.
3. 피의 표면에 녹인 버터를 발라서 180도 오븐에 20분간 굽는다.

코티지치즈는 차가워도 딱딱해지지 않아서 맛있게 먹을 수 있습니다. ‹ Advice

쫀득쫀득한 크레이프

네덜란드

두툼한 크레이프로 만든 쫄깃한 피자
파넨코겐 Pannenkoeken

피자 반죽 대신 크레이프를 사용한 요리. 보통 크레이프보다 두툼하게 구워서 쫀득쫀득. 자녀의 생일파티 등에 적극 추천.

60 min

재료(2인분)

A 달걀 1개
  밀가루 강력분 50g
  밀가루 박력분 50g
  베이킹파우더 1/4작은술
  찹쌀가루 30g
  우유 1.5컵(300mL)
  소금 1작은술
샐러드오일 1큰술
로스햄 4장분(5mm 폭으로 썰기)
여러 가지 치즈 200g

만드는 법

1. 그릇에 **A**를 넣고 골고루 섞은 다음 냉장고에서 30분 재운다.
2. 프라이팬에 기름을 두르고 달궈지면 중간 불로 크레이프를 동그랗게 부친다.(4등분하여 4장 완성)
3. 2에 햄, 치즈를 얹고 230도 오븐에서 8분, 눌은 자국이 나게 굽는다.

Advice › 쫀득쫀득한 피의 식감은 찹쌀가루를 넣는 것이 포인트!

산뜻한 빛깔의 소고기 파프리카 스튜

헝가리

구야시 Gulyas

파프리카 산지인 헝가리에서는 된장국 같은 요리. 파프리카를 듬뿍 넣은 요리는 보기에도 산뜻. 고기와의 조합도 딱입니다.

50 min

재료(2인분)

A 마늘 1쪽(다지기)
　양파 1/2개(얇게 썰기)
올리브오일 1큰술
소고기 사태살 150g(2cm 크기로 깍둑썰기)
B 커민 1작은술
　파프리카 파우더 1큰술
C 파프리카 빨강색·노랑색 각 1/4개(채썰기)
　피망 1개(채썰기)
　토마토 펄프 통조림 1캔
소금 1작은술

만드는 법

1 프라이팬에 기름을 두르고 달궈지면 중간 불로 A를 충분히 볶는다. 소고기를 추가해 노릇노릇하게 볶는다.
2 B를 넣고 약한 불에서 향이 잘 스며 나오도록 볶는다.
3 C를 넣고 한소끔 끓인다. 소금을 뿌리고 약한 불에서 30분 더 끓인다.(중간에 수분이 졸아들면 물을 보충한다.)

Advice 조금만 넣어도 맛이 깊어지는 파프리카 파우더는 헝가리가 낳은 향신료.

기운이 솟는 산미

소시지 사워크라우트 스튜

폴란드

🍴 비고스 Bigos 🍴

산미가 나는 양배추 절임인 사워크라우트를 사용한 스튜.
현지에서는 끓이고 식히기를 반복하며 며칠에 걸쳐 만듭니다.

재료(2인분)

A 소시지 4개(얇게 썰기)
　베이컨 2장(5mm 폭으로 썰기)
　사워크라우트(시판용) 300g
　양배추 1/6개(골패 썰기)
　양파 작은 것 1/2개(얇게 썰기)
　토마토 펄프 통조림 1/4캔
　사과즙(있으면) 30mL(2큰술)
　물 1/2컵(100mL)
소금 1작은술
후추 조금

만드는 법

1　냄비에 A를 넣고 한소끔 끓인다. 약한 불로 줄여서 30분 더 끓인 다음 소금·후추로 간을 맞춘다.

Advice > 발효 음식인 사워크라우트는 채소가 자라기 어려운 추운 지역에서 음식을 보존하던 지혜입니다.

소금으로 맛을 낸 수분 제거 요구르트.
교자나 고기와 함께 드세요.

⏲ 35 min

049 — 196

재료(2인분)

요구르트 500g
소금 1작은술

만드는 법

1 체에 키친타월을 깐 다음 요구르트를 붓고 30분간 수분을 제거한다.

2 그릇에 1과 소금을 넣고 섞는다.

투르크메니스탄

소금 요구르트 디핑소스
수즈마 Suzma

요구르트 나라의 맛있게 먹는 법.
스노우화이트 샐러드라고도 부른다.

⏲ 15 min

050 — 196

재료(2인분)

A 오이 1개(채썰기), 다진 마늘 1/4작은술
  호두 30g(다지기), 요구르트 1컵(200g)
  차가운 물 1/2컵(100mL), 소금 1/2작은술
딜Dill(파슬리) 적당량
올리브오일 2큰술

만드는 법

1 그릇에 A를 넣고 잘 섞어준다.

2 그릇에 보기 좋게 담아서 딜을 장식한 다음 올리브오일을 두른다.

불가리아

차가운 요구르트 수프
타라토르 Tarator

068

생선으로 햄버그스테이크를 만드는 서양 요리. 따끈따끈 폭신폭신.

20 min
051 / 196

재료(2인분)

A 대구 2토막, 달걀 1/2개
  양파 1/2개, 우유 1/4컵(50mL)
  밀가루 3큰술, 소금 1/2작은술
  후추 조금
버터 1큰술(12g)

만드는 법

1 A를 믹서에 갈아 어묵으로 만든 다음 여섯 등분으로 나눠서 둥글게 뭉친다.
2 프라이팬에 버터를 녹여 센 불로 1을 앞뒤로 노릇노릇하게 굽는다.

아이슬란드

대구와 양파로 만든 어묵튀김
🍴 피시볼 Fish ball 🍴

구운 가지로 만든 페이스트. 차게 해서 바게트와 함께.

15 min
052 / 196

재료(2인분)

가지 1개
A 양파 1/4개(다지기), 마요네즈 1작은술
  레몬즙 1작은술, 올리브오일 3큰술
  소금·후추 조금
바게트 4조각(1.5cm 두께)

만드는 법

1 생선 굽는 그릴에 가지를 껍질째 굽는다. 새까매질 때까지 태운다.
2 껍질을 벗긴 다음 열을 식힌 후 칼로 다져서 잘게 만든다.
3 그릇에 2를 넣고 A를 추가해서 잘 섞는다. 바게트 위에 보기 좋게 올린다.

루마니아

구운 가지 카나페
🍴 살라타 드 비네테 Salata de vinete 🍴

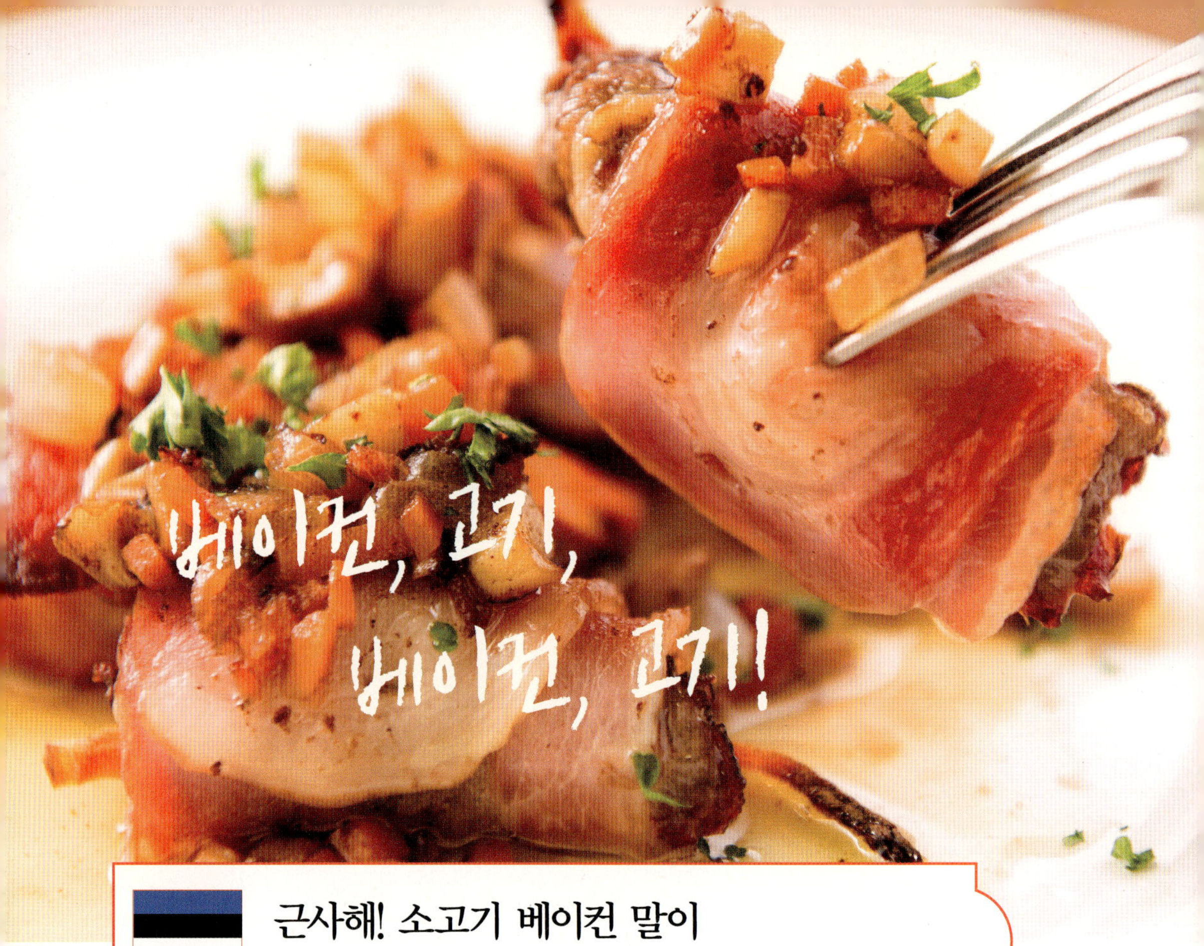

에스토니아

근사해! 소고기 베이컨 말이

비프 위드 그레이비 Beef with gravy

당근을 만 소고기를 다시 베이컨으로 감싼 요리. 육즙이 차고 넘쳐 고기 좋아하는 사람은 반할 만한 일품요리입니다. 맛도 강해서 도시락에 넣으면 좋습니다.

30 min

053 / 196

재료(2인분)

얇게 저민 소고기 80g(사등분하기)
베이컨 4장
당근(말이용) 1/2개(길게 채 썰어 16개 준비)
A 양파 1/4개(다지기)
  당근 1/4개(다지기)
버터 2큰술(24g)
소금 1/2작은술
후추 조금

만드는 법

1 당근을 4조각씩 소고기로 둥글게 만다. 다시 표면을 베이컨으로 말아서 이쑤시개로 고정한다.

2 프라이팬에 버터를 녹인 다음 중간 불로 A를 충분히 볶는다. 소금·후추로 간을 맞춘다.

3 다른 프라이팬을 달궈서 중간 불에 1을 앞뒤로 10분씩 굽는다. 2의 소스를 뿌린다.

소스에 생크림을 더하면 더욱 감칠맛이 나서 맛있습니다. 〈 **Advice**

미트볼을 넣은 감자떡

리투아니아 — 체펠리나이 Cepelinai

리투아니아에서 가장 유명한 요리. 감자떡은 이상한 모양이지만, 한번 먹어보면 멈출 수 없는 식감입니다.

50 min

054 / 196

재료(2인분)

감자 3개(갈기)
감자 1개(으깨기)
녹말 3큰술

A 다진 고기 250g
  양파 1/2개(다지기)
  소금 1/2작은술
  후추 조금

B 베이컨 50g(5mm 폭으로 썰기)
  양파 1/2개(다지기)

C 사워크림 1/2컵(100mL)
  소금 1/2작은술
  후추 조금

만드는 법

1. 갈아놓은 감자를 행주로 싸서 물기를 짠다. 짜낸 즙은 물기만 버리고 가라앉은 전분은 남긴다. 그릇에 으깬 감자와 수분을 짜낸 감자, 전분을 넣고 녹말을 더해 잘 섞는다.
2. 다른 그릇에 **A**를 넣고 잘 버무린다.
3. **1**과 **2**를 여덟 등분해서 **1**로 **2**를 럭비공 모양처럼 감싼다. 이것을 약한 불에서 20분간 삶는다. 물기를 없애고 보기 좋게 담는다.
4. 다른 냄비에 **B**를 넣고 중간 불로 향이 잘 배도록 볶는다. **C**를 추가해 사워크림이 녹으면 불을 끄고 감자떡 위에 뿌린다.

Advice 〉 감자떡 반죽은 '귓불보다 살짝 단단한 정도'가 적당합니다.

어른을 위한 간식

맥주 종주국의 감자 부침개
브람보락 Bramborak
체코

감자 반죽에 소시지와 사워크라우트를 넣은 샌드위치. 맥주가 유명한 체코다운 요리입니다.
아이는 오후 간식으로, 어른은 저녁 반주에 추천합니다.

재료(2인분)

감자 3개
A 달걀 1/2개
   다진 마늘 1/2작은술
   마조람(있으면) 1작은술
   밀가루 3큰술
   소금 1/2작은술
   후추 조금
버터 1큰술(12g)
소시지 4개(데치기)
사워크라우트(시판용) 200g

만드는 법

1. 감자를 갈아서 **A**를 섞는다.
2. 프라이팬에 버터를 녹인 다음 약한 불에서 **1**을 앞뒤로 10분씩 뒤집으며 갈색이 돌도록 부친다.(절반씩 둥글납작한 모양으로 만든다.)
3. 접시에 **2**와 소시지, 사워크라우트를 보기 좋게 담는다.

Advice 감자 반죽은 타기 쉬우니 약한 불에서 천천히 부치는 게 비결.

닭고기 채소 크레이프 그라탱

오스트리아 · 팔라친겐 미트 훈 Palatschinken mit Huhn

크레이프처럼 피에 채소와 고기를 넣고 싸서 구운 요리. 채소가 익으면서 단맛이 우러나옵니다.
재미를 더하고 싶다면, 속에 넣는 재료를 비밀로 하고 식탁에 올려보세요.

110 min

056 / 196

재료(2인분)

달걀 1개, 밀가루 박력분 100g
우유 1과 1/4컵(250mL)
소금 1큰술, 후추 조금
샐러드오일 1큰술
양파 1/4개(얇게 썰기)
A 닭가슴살 200g(1cm 폭으로 채썰기)
   당근 1/4개(은행잎 썰기)
데친 브로콜리 100g(한입 크기로 썰기)
버터 20g
소금·후추 조금
여러 가지 치즈 300g

만드는 법

1. 피를 만든다. 그릇에 달걀을 넣고 거품기로 젓는다. 박력분 밀가루를 넣고 우유를 부으면서 섞는다. 소금·후추를 뿌려 냉장고에 1시간 재운다.

2. 프라이팬에 기름을 두르고 달궈지면 **1**을 둥글게 편다. 약한 불로 표면에 수분이 마를 정도로만 익힌 다음 뒤집어서 노릇노릇하게 붙인다.

3. 소를 만든다. 프라이팬에 버터를 녹여 중간 불로 양파를 충분히 볶는다. **A**를 추가해 속이 익을 때까지 볶는다. 브로콜리를 넣고 소금·후추를 뿌려서 재빨리 볶아낸다.

4. 피에 절반가량 소를 올리고 반으로 접어서 덮는다. 위에 치즈를 뿌려 230도 오븐에서 10분간 굽는다.

Advice › 달걀 1개가 크레이프 1장분입니다.

버터 연어 소테

노르웨이

🍴 살몬 소테 Salmon saute 🍴

한입 물면 버터 향이 확 풍기는, 노르웨이가 자랑하는 멋진 연어 요리.
근사한 요리지만, 밥에 얹어 먹고 싶은 맛입니다.

15 min

057 / 196

재료(2인분)

연어 2토막
소금·후추 적당량
밀가루 적당량
버터 3큰술(36g)
A 딜Dill(또는 파슬리) 2줄기(다지기)
  소금 1/2작은술

만드는 법

1 연어에 소금·후추를 뿌리고 밀가루를 골고루 묻힌다.
2 프라이팬에 버터를 녹인 다음 중간 불에서 **1**을 앞뒤로 5분씩 노릇노릇하게 굽는다.
3 **A**를 곁들여 낸다.

〈 Advice 버터는 눌어붙기 시작할 때 가장 냄새가 좋으니 녹는 타이밍을 잘 맞추세요.

익숙하면서도 낯선 맛

룩셈부르크

아몬드 버터 소스를 얹은 연어 소테

살몽 트뤼트 소스 뵈르 아망드 Saumon truite sauce beurre amande

아몬드와 졸인 버터 소스를 곁들여 먹는 연어 요리. 고소한 냄새가 식욕을 자극합니다. 우리에게도 친근한 연어가 화려하게 변신합니다.

30 min

058 / 196

재료(2인분)

얇게 저민 아몬드 30g
연어 2토막
밀가루 적당량
소금·후추 조금
버터 1큰술(12g)
레몬즙 1큰술
버터(소스용) 80g
파슬리 조금(다지기)

만드는 법

1. 프라이팬이 달궈지면 약한 불에서 아몬드를 넣고 색이 변할 때까지 볶은 뒤 일단 꺼내 둔다.
2. 연어에 소금·후추를 뿌리고 밀가루를 골고루 묻힌다.
3. 프라이팬에 버터를 녹이고 중간 불에서 **2**를 앞뒤로 5분씩 굽는다.
4. 다른 냄비에 소스용 버터를 넣고 녹이다가 중간 불로 줄인다. 타기 시작할 때 레몬즙을 넣고 불을 끈다. 파슬리와 **1**을 곁들인다.

Advice 〉 봄에서 여름 사이 살이 오른 연어로 요리하면 특히 맛있습니다.

고수 잎을 얹은 독일 포테이토

오자쿠리 Ojakhuri

조지아

'조지아식 독일 포테이토'라고 부르며, 돼지고기에 채소와 감자를 넣고 볶은 요리. 튀긴 감자에 풍미가 배어 있어 맛있어요. 와인 비네거 때문에 남김없이 먹어치우게 됩니다.

재료(2인분)

감자 2개(2cm 폭으로 썰기)
돼지고기 등심(돈가스용) 2장(한입 크기로 썰기)
샐러드오일 2큰술
양파 1/2개(얇게 썰기)
A 파프리카 빨강색·노랑색 각 1/4개(얇게 썰기)
   피망 1/2개(얇게 썰기)
   와인 비네거 30mL(2큰술)
   소금, 후추 조금
고수풀 1다발(3cm 정도로 큼직하게 썰기)

만드는 법

1 프라이드 포테이토를 만든다. 감자를 180도 기름에 7분간 튀긴다.
2 프라이팬에 기름이 달궈지면 중간 불로 돼지고기를 5분 동안 볶는다. 양파를 추가하고 중간 불로 충분히 볶는다.
3 A와 1을 넣고 중간 불에서 5분간 볶는다. 그릇에 보기 좋게 담고 고수 잎을 장식한다.

요리로 보는 세계 5

미식가들이 좋아하는 조지아 요리

유럽 흑해 연안에 있는 나라인 조지아. 과거 구소련의 영토였기 때문에 러시아식 발음인 그루지야라고 불렀으나 최근에는 영어식 발음인 조지아로 바뀌었습니다.

조지아는 '어디에 있는 곳인가요?'라고 물을 정도로 별로 알려지지 않았지만, 미식가들 사이에서는 아는 사람은 다 아는 유명한 나라입니다. 제가 아는 셰프도 "조지아 요리는 세계에서 가장 맛있어요"라고 말할 정도거든요.

조지아의 북쪽은 러시아, 서쪽은 유럽, 남쪽은 중동, 동쪽은 아시아가 자리합니다. 유라시아 대륙의 중계무역지여서 다양한 아이디어와 향신료 등이 모였겠지요. 각 지역의 요리에서 장점만 흡수해 발전하지 않았나 생각합니다.

한편 와인과 치즈 맛도 특별합니다. 특히 와인은 조지아가 발군을 자랑하는데요, 8,000년의 와인 제조 역사는 그 제조법이 세계유산으로 등록되었을 정도입니다. 조지아 와인은 일반적으로는 거의 유통되지 않는 만큼 희소가치가 높아 와인을 좋아하는 사람이라면 무척 반가워할 상품입니다.

와인이 요리를 맛있게 하는 것인지, 요리가 와인을 맛있게 하는 것인지, 세계의 미식가를 크게 매료시킨 나라. 식도락을 즐기는 사람이라면 조지아는 한번 가볼 만한 여행지입니다.

Advice 〉 감자를 썰어서 물에 담갔다가 수분을 제거한 다음 튀기면 훌륭하게 완성됩니다.

닭고기와 채소를 대롱대롱 끼운 꼬치구이

키르기스

🍢 **샤실리크** Shashlik 🍢

닭고기를 양념에 숙성시킨 다음 구워서 퍽퍽하지 않고 육즙이 흘러요.
집에서 손쉽게 만드는 BBQ.

⏰ 50 min

060 / 196

재료(2인분)

- **A** 닭다리살 1덩어리(한입 크기로 썰기)
  - 다진 마늘 1작은술
  - 화이트와인 2큰술
  - 올리브오일 2큰술
  - 오레가노 1/2작은술
  - 타임 1/2작은술
  - 소금·후추 조금
- 양파 1개(십자썰기)
- 피망 1개(골패 썰기)

만드는 법

1. 그릇에 **A**를 넣고 잘 버무린 다음 냉장고에서 30분간 숙성시킨다.
2. 꼬치에 닭고기, 양파, 피망 순으로 끼우고 230도 오븐에서 15분간 노릇노릇하게 굽는다.

키르기스의 닭 꼬치구이. 재료를 큼직하게 썰어 골고루 익히면 맛있게 완성됩니다. 〈 **Advice**

078

사워크림을 곁들인 동유럽 햄버그스테이크

라트비아

갈라스 코틀렛스 Galas kotletes

만드는 방법은 서양식 햄버그스테이크와 거의 똑같아요.
사워크림을 곁들이면 하나도 남김없이 먹게 됩니다.

40 min

061 / 196

재료(2인분)

A 다진 고기 300g
　달걀 푼 것 1/2개분
　양파 1/2개(다지기)
　다진 마늘 1/2작은술
　소금 1작은술
　후추 조금
올리브오일 1큰술
사워크림 1/2컵(100mL)

만드는 법

1. 그릇에 **A**를 넣고 잘 버무린다. 2등분해서 둥글게 뭉친다.
2. 프라이팬에 기름을 두르고 달궈지면 강한 불에서 **1**을 굽는다. 눌어붙은 자국이 생기면 반대로 뒤집어서 뚜껑을 덮고 아주 약한 불에 20분간 굽는다.
3. 접시에 보기 좋게 담아내서 사워크림을 곁들인다.

Advice › 일본식 햄버거와는 달리 소스가 없고 사워크림과 먹는 경우가 많습니다.

이건, 감기 걸렸을 때
먹으면 좋겠다

달걀 레몬 수프

그리스 ☆ 코토수파 아브고레모노 Kotosoupa Avgolemono ☆

'아브고레모노'란 달걀과 레몬을 의미해요. 생소한 조합이지만 조스이*를 생각나게 하는 정겨운 맛.
마무리 식감은 사르르 부드럽습니다.

100 min

062 / 196

재료(2인분)

A 닭다리살 1토막
  양파 1/2개(얇게 썰기)
  당근 1/2개(얇게 썰기)
  물 4컵(800mL)
쌀 30g(씻어 둔다)
달걀 1개
B 레몬즙 1큰술
  소금 1작은술

만드는 법

1 냄비에 A를 넣고 한소끔 끓인다. 약한 불에서 50분간 끓인 뒤 체로 걸러 국물을 따로 챙긴다. 닭고기는 식혀서 잘게 찢는다. 당근, 양파는 건져낸다.

2 1의 육수에 닭고기만 다시 넣고 쌀을 추가해 약한 불에서 20분 부드러워지도록 끓인다.

3 그릇에 달걀을 풀고 2의 육수 1/4을 저어가면서 조금씩 붓는다.

4 2의 냄비에 3을 조금씩 섞는다. 그러다가 끈기가 생기면 B를 넣고 간을 맞춘다.

* 조스이: 쌀과 육수에 간장이나 된장으로 양념하고 고기, 해산물, 버섯, 채소 같은 다양한 재료를 넣어, 끓인 일본의 잡탕죽

달걀 푼 물에 열을 너무 가하면 덩어리가 지므로 불에서 내려 섞어주는 것이 비결. ⟨ Advice

양고기와 말린 과일 조림

아제르바이잔

고우르마 Govurma

밤과 프룬의 단맛이 살아 있는 조림 요리. 진한 감칠맛이 입맛을 사로잡아 가을이면 자꾸 생각납니다. 아주 간단하면서도 손님 대접으로 제격.

70 min

재료(2인분)

말린 프룬 6개
양고기(또는 소고기 사태살) 300g(한입 크기로 썰기)
A 양파 1개(얇게 썰기)
　　터메릭 2큰술
샐러드오일 1큰술
B 단밤 6개
　　물 1/2컵(100mL)
　　소금 1작은술
　　후추 조금

만드는 법

1. 프룬을 2배 정도 되는 양의 뜨거운 물에 30분간 담가 둔다.
2. 프라이팬에 기름을 두르고 달궈지면 중간 불에서 양고기를 볶다가 노릇노릇해지면 일단 꺼내 둔다.
3. 같은 프라이팬에 **A**를 넣고 중간 불에 충분히 볶는다.
4. 1과 2, **B**를 추가하고 약한 불에서 30분간 끓인다.

Advice 〉 프룬은 철분이 풍부해서 빈혈 증세가 있는 분에게도 추천합니다.

예쁜 색이네~

우크라이나

따끈따끈한 비트 소고기 스튜
보르시치 Borshch

추운 나라 특유의 몸을 따뜻하게 해주는 스튜 요리.
선명한 비트 색깔이 추운 날 기분까지 밝게 해줍니다.

100 min

064 / 196

재료(2인분)

A 소고기 사태살 80g
   물 2컵 반(500mL)
B 양배추 1/8개(골패 썰기)
   양파 1개(얇게 썰기)
   당근 1/2개(은행잎 썰기)
   비트 통조림 1/2(채썰기)
소금 1작은술
후추 조금

만드는 법

1. 냄비에 A를 넣고 한소끔 끓인다. 거품을 없애고 약한 불에서 1시간 삶는다. 소고기는 일단 건져내서 한입 크기로 자른다.
2. 고기를 삶았던 육수에 소고기를 다시 넣고 B를 추가해 중간 불로 30분간 끓인다. 소금, 후추로 간을 맞춘다.

082

사워크림을 추가해서 먹으면 또 다른 맛을 즐길 수 있어요. 〈 Advice

와! 케이크같아!

몰도바

슈바 Shuba

밀푀유처럼 겹겹이 쌓아 올린 감자 샐러드

재료를 틀에 넣고 겹겹이 쌓아서 만드는 화려한 감자 샐러드.
근사한 데다가 맛도 좋아서 음식을 준비해 가는 파티에 내놓고 싶은 요리입니다.

30 min

065 / 196

재료(2인분)

A 감자 2개(골패 썰기)
  당근 1/2개(골패 썰기)
양파 1/2개(다지기)
비트 통조림 1/2(잘게 다지기)
안초비 페이스트 10g
삶은 달걀 1개(다지기)
파슬리 1작은술(다지기)
마요네즈 50g

만드는 법

1 중간 불에서 **A**를 5분 정도 삶아서 각각 잘게 다진다.
2 밑이 빠지는 케이크 틀에 바닥부터 감자→마요네즈→당근→마요네즈→감자→양파→안초비→마요네즈→비트→삶은 달걀→파슬리 순으로 얇게 펴서 겹쳐 올린다.

Advice 〉 다지는 일이 다소 성가시지만, 예쁘게 완성하면 성취감도 한층 올라갑니다.

크로아티아

크로아티아식 수제 소시지
체밥치치 Cevapcici

케이싱에 채우지 않고도 만들 수 있는 간편한 소시지.
넘치는 육즙과 훈제 향이 나는 매운맛으로 맥주가 술술 넘어갑니다.

30 min

재료(2인분)
다진 고기 200g
파프리카 파우더 1작은술
소금 1/2작은술
후추 조금

만드는 법
1 그릇에 재료를 모두 넣고 잘 섞는다. 길이 7cm 정도의 봉 형태로 만든다.
2 프라이팬에 기름을 두르고 달궈지면 뚜껑을 닫고 약한 불로 표면을 앞뒤로 10분씩 굽는다.

Advice 〉 양고기를 절반 정도 섞어서 만들면 현지의 맛이 납니다.

슬로베니아

구수한 감자 양파 볶음
프라젠 크롬피르 Pražen krompir

만드는 법은 간단해도 깊은 맛이 나는 감자 요리. 양파의 달짝지근한 맛이 스며 있습니다.
현지에서는 고기 요리나 스튜 요리와 함께 먹습니다.

40 min

재료(2인분)
감자 2개(삶기)
양파 1개(다지기)
버터 1큰술(12g)
소금 1작은술
후추 조금

만드는 법
1 프라이팬에 버터를 녹인 다음 양파를 갈색이 될 때까지 볶는다.
2 감자를 넣고 소금, 후추를 뿌려 으깨면서 볶는다.

Advice 〉 삶은 감자에 양파를 넣고 볶아서 소금·후추를 뿌리기만 하면 끝. 그래도 맛있어요.

유럽식 소고기 감자조림
보스니아 헤르체고비나
보산스키 로나츠 Bosanski lonac

고기감자조림과 흡사한
보스니아의 전통요리입니다.

160 min

재료(2인분)

A 소고기 사태살 200g(한입 크기로 썰기)
  물 2컵반(500mL)
B 감자 1개(깍둑썰기)
  양파 1개(십자썰기)
  당근 1/2개(깍둑썰기)
  토마토 펄프 통조림 1/2캔
소금 1작은술, 후추 조금

만드는 법

1 냄비에 A를 넣고 한소끔 끓인다. 거품을 없애고 약한 불에서 2시간 삶는다. 소고기를 건져내 식혀서 한입 크기로 썬다.

2 삶았던 육수에 소고기를 다시 넣고 B를 추가해 한소끔 끓인다. 소금·후추로 간을 맞추고 약한 불에서 30분간 더 끓인다.

닭고기 파프리카 크림 스튜
슬로바키아
피르퀼트 Verkehrt

진한 크림 국물에
절로 와인이 생각납니다.

40 min

재료(2인분)

양파 1/2개(얇게 썰기), 파프리카 파우더 2큰술
올리브오일 1큰술
A 닭다리살 1덩어리 반(한입 크기로 썰기)
B 파프리카 1/2개(채썰기)
  생크림 1/4컵(50mL)
  물 1/4컵(50mL)
소금 1작은술, 후추 조금

만드는 법

1 냄비에 기름을 두르고 달궈지면 중간 불에서 양파를 충분히 볶는다. 파프리카 파우더를 넣고 다시 2분간 볶는다.

2 A를 넣고 중간 불로 5분간 볶는다.

3 B를 마저 넣고 약한 불로 20분간 끓인다. 소금·후추로 간을 맞춘다.

맛있는 햄버그스테이크 속에
사르르 녹는 치즈가 숨어 있습니다.

70 min

196 — 196

재료(2인분)

A 다진 고기 400g
   양파 1/4개(다지기)
   소금 1작은술
   후추 조금
자연 치즈 60g(1cm 크기로 깍둑썰기)

만드는 법

1 그릇에 A를 넣고 잘 섞는다. 속에 치즈를 넣고 나뭇잎 모양으로 빚는다.
2 프라이팬에 기름을 두르고 달궈지면 강한 불에서 1을 굽는다. 노릇노릇하게 익으면 뒤집어서 약한 불로 10분간 굽니다.

마케도니아

발칸반도의 치즈 햄버그스테이크
플예스카비차 Pljeskavica

매시트포테이토에 삶은 양배추를 섞은
감자 샐러드.

30 min

071 — 196

재료(2인분)

감자 2개(삶기)
양배추(삶기) 100g(큼직하게 썰기)
A 마늘 1/2쪽, 베이컨 50g(골패 썰기)
올리브오일 1작은술
소금 1작은술, 후추 조금
방울토마토 2개(4등분하기)

만드는 법

1 감자를 으깬다.
2 프라이팬에 기름을 두르고 달궈지면 중간 불에서 A를 마늘 향이 배어 나오게 볶는다. 1과 양배추를 추가해 소금·후추를 뿌린 다음 수분이 잦아들 때까지 볶는다.
3 접시에 보기 좋게 담아서 방울토마토를 장식한다.

안도라

양배추와 베이컨을 넣은 매시트포테이토
트린차트 Trinxat

쫄깃쫄깃한 파스타 같아

양고기와 채소 소스를 얹은 우동

카자흐스탄 — 라그만 Lagman

파스타 같은 두꺼운 면에 토마토소스를 뿌린 요리. 중국에서 유럽으로 '면'이 전해지는 과정을 보는 것 같아요.

 50 min

재료(2인분)

A 다진 마늘 1/2작은술
　　다진 생강 1/2작은술
　　양파 1/2개(얇게 썰기)
　　파프리카 빨간색·노란색·주황색 각 1/2개(골패 썰기)
샐러드오일 1큰술
양고기(소고기 사태살) 200g(채썰기)
B 토마토 펄프 통조림 1/2캔
　　커민 1작은술
　　소금 1/2작은술
　　후추 조금
우동 사리 2개

만드는 법

1 프라이팬에 기름을 두르고 달궈지면 중간 불로 **A**를 충분히 볶는다. 양고기를 넣고 다시 5분간 볶는다.
2 **B**를 추가해서 약한 불에서 30분간 끓인다.
3 우동을 삶아서 **2**의 소스를 얹는다.

Advice 생우동이나 기시멘(납작한 일본 국수)을 추천. 소스에 잘 비벼 드세요.

드레싱이 필요 없네

타지키스탄

레몬과 소금을 손으로 비벼 만든 샐러드
❖ 샤카롭 Shakarob ❖

채를 썬 채소에 소금과 레몬즙.
손으로 세게 비비면서 빠져나온 수분이 최고의 드레싱이 됩니다.

5 min

073 / 196

재료(2인분)

A 오이 1개(반달썰기)
　양파 1/2개(얇게 썰기)
　토마토 1개(5cm 크기로 채썰기)
　파프리카 노란색 1/2개(얇게 썰기)
소금 1작은술
레몬즙 1작은술
건조시킨 파슬리 1작은술

만드는 법

1. 그릇에 **A**를 넣고 소금을 뿌린 다음 채소에서 수분이 나올 때까지 손으로 20초 정도 세게 비벼준다.
2. 레몬즙을 추가해 버무린다. 파슬리(생파슬리가 있으면)를 뿌린다.

Advice 〉 채소에 소금을 뿌려서 비비면 드레싱 같은 풍미가 살아납니다.

접시까지 핥고 싶잔동아

돼지고기 사워크림 스튜

벨라루스

마찬카 Machanka

산미와 풍미가 균형을 이루는 사워크림 스튜 요리.
마치 치즈를 넣고 끓인 것 같은 맛이 납니다.

40 min

074 / 196

재료(2인분)

돼지고기 등심(돈까스용) 2덩어리
버터 1큰술(12g)
양파 1/2개(얇게 썰기)
사워크림 1/2컵(100mL)
밀가루 1큰술
소금·후추 조금

만드는 법

1. 프라이팬에 버터를 녹인 뒤 중간 불에서 돼지고기를 앞뒤로 5분씩 굽는다. 양파를 추가해 충분히 볶는다. 밀가루를 뿌려 표면에 묻혀준다.

2. 약한 불로 줄인 다음 사워크림을 추가하고 소금·후추로 간을 맞춘 다음 20분간 끓인다.

사워크림 대신에 물기를 뺀 요구르트에 레몬즙을 조금 넣어 사용할 수도 있습니다. ‹ Advice

곱게 간 감자에 살라미를 띄운 수프

포르투갈 — 칼두 베르데 Caldo verde

감자를 믹서에 갈아 만든 따끈따끈한 수프. 부드러운 식감과 맛이 온몸으로 스며듭니다.
약간 매운 초리조*가 맛을 돋웁니다.

40 min

재료(2인분)

A   마늘 1쪽(얇게 저미기)
　　양파 1/4개(얇게 썰기)
올리브오일 3큰술
B   감자 2개(통썰기)
　　부용 2컵(400mL)
　　소금, 후추 조금
케일 50g
초리조 2장(얇게 썰기)

만드는 법

1. 냄비에 기름을 두르고 달궈지면 중간 불에서 **A**를 충분히 볶는다.
2. **B**를 추가하고 중간 불에서 감자가 익을 때까지 볶는다.
3. 2를 불에서 내려 식힌 다음 믹서에 곱게 간다. 냄비에 다시 넣고 케일을 추가해 중간 불에서 5분간 끓인다.
4. 그릇에 보기 좋게 담고 초리조를 얹어 올리브오일(적당량)을 둘러준다.

* 초리조: 다진 돼지고기에 빨간 파프리카 가루, 소금, 후추, 마늘 따위를 섞은 뒤 건조하여 만든 소시지

Advice 〉 심플한 수프지만 정성껏 조리하면 할수록 더욱 맛있습니다.

파이와
쌀과
연어라니!

연어와 밥을 넣은 파이 말이

로히 피라카 Lohi piirakka

핀란드

보이는 것처럼 연어와 밥을 파이에 싸서 구운 것.
조금은 낯선 조합이지만, 달콤한 버터 라이스가 연어와 파이에도 어울립니다.

70 min

076 / 196

재료(2인분)

밥 1공기
버터 20g
소금에 절인 연어 2토막
올리브오일 1큰술
소금·후추 조금
냉동 파이 생지 400g
달걀 푼 것 1개분

만드는 법

1. 버터 라이스를 만든다. 밥에 버터를 섞은 다음 식혀 둔다.
2. 연어의 껍질과 뼈를 제거하고 소금·후추를 뿌린다. 프라이팬에 기름을 두르고 달궈지면 중간 불에서 연어를 앞뒤로 5분씩 굽는다.
3. 파이 생지를 밀방망이로 5mm 얇기로 밀어서 2장으로 자른다. 1장에 연어와 버터 라이스를 얹고 그 위에 나머지 1장을 덮어서 에워싼다.
4. 파이에 달걀 푼 것을 발라 200도 오븐에서 40분간 굽는다.

쌀을 채소로 생각하는 나라만의 발상. 버터와 연어는 최상의 조합. 〈 Advice

고기를 고기로 말다니!

미트볼 소고기 말이 토마토소스 조림

몰타

❈ 브라지올리 Bragioli ❈

양배추 롤 요리에서 양배추를 고기로 바꾼 느낌. 남자아이가 좋아할 요리입니다.
어른이라면 레드와인이 마시고 싶어집니다.

80 min

077 / 196

재료(2인분)

A 다진 마늘 1/2작은술
  양파 1/2개(다지기)
  올리브오일 3큰술

B 토마토 펄프 통조림 1캔
  오레가노 1/2작은술, 소금 1작은술

C 다진 고기 300g
  양파 1/4개(다지기)
  달걀 푼 것 1/2개분
  빵가루 20g, 육두구 1/4작은술
  소금 1/2작은술, 후추 1/2작은술

얇게 저민 소고기 200g
올리브오일 2큰술

만드는 법

1. 토마토소스를 만든다. 냄비에 기름을 두르고 달궈지면 중간 불에서 **A**를 충분히 볶는다. **B**를 넣고 한소끔 끓인 다음 약한 불에서 다시 30분간 끓인다.

2. 미트볼을 만든다. 그릇에 **C**를 넣고 잘 섞는다. 4등분으로 나눠서 소고기로 둥글게 말아준다. 프라이팬에 기름을 두르고 달궈지면 굴려 가며 노릇노릇하게 굽는다.(고기 속까지 완전히 익지 않아도 OK.)

3. 1에 2를 합쳐서 다시 약한 불에 20분간 끓인다.

Advice › 소고기가 잘 말리지 않으면 이쑤시개로 고정해도 됩니다.

새콤달콤해~

바티칸

발사믹 소스를 뿌린 돼지고기 등심 스테이크

아리스타 디 마이알레 알 아체토 발사미코 Arista di maiale all'aceto balsamico

새콤달콤한 발사믹 소스는 식욕을 자극해 돼지고기를 순식간에 먹어 치우게 만드는 불가사의한 소스. 쇼가야키*에 질렸다면 꼭 도전해보세요.

20 min

재료(2인분)

돼지고기 등심 2덩어리
소금·후추 조금
올리브오일 3큰술
A 레드와인 1/4컵(50mL)
   간장 1큰술과 1작은술(20cc)
   발사믹 식초 1/4컵(50mL)

만드는 법

1 돼지고기의 근육을 제거하고 소금·후추를 뿌린다.
2 프라이팬에 기름을 두르고 달궈지면 강한 불에서 **1**을 표면이 노릇노릇해지게 굽는다.
3 다른 냄비에 **A**를 넣고 약한 불에서 걸쭉해질 때까지 5분 정도 졸인다. **2**에 뿌린다.

* 쇼가야키: 생강즙을 넣은 양념에 고기를 재워 구운 요리. 돼지고기를 기본으로 하며 단순히 '쇼가야키'라고 하면 '돼지고기 생강구이'를 의미한다.

요리로 보는 세계 6

시기마다 먹는 요리가 달라지는 나라가 있다?

이탈리아에 둘러싸였으며 도쿄 디즈니랜드보다도 작은 나라인 바티칸 시국. 국토 전체가 세계유산으로 등록된 데다가 건물과 정원은 넋을 잃고 바라볼 정도로 아름답습니다.

나라의 중심에 세계 최대 규모를 자랑하는 성 베드로 대성당이 있으며 그곳에는 교황이 존재합니다. 교회를 위해 나라가 있는 모양새의 특수한 지역인데요, 그런 바티칸에는 어떤 요리가 있을까요?

바티칸에 독자적인 전통 요리가 있는지 묻는다면, 사실 그렇지 않습니다. 로마 교황이 먹는 요리는 그 대에 즉위한 로마 교황에 따라 달라지기 때문입니다.

로마 교황은 전 세계 가톨릭교도 가운데 선출하는 직위이므로, 아르헨티나나 독일 사람이 즉위하기도 합니다. 그러면 당연히 아르헨티나 요리나 독일 요리를 먹게 되는 것입니다. 시기에 따라 먹는 요리가 달라진다니 신기하지요.

참고로 바티칸 시국에는 레스토랑도 있습니다. 거기서는 어떤 요리를 제공할까요? 궁금해서 이탈리아에 사는 친구에게 확인한 결과, 레스토랑에서는 당연히 모두 이탈리아 요리를 먹는다고 합니다. 그런 연유로 이번에는 일반 레스토랑에서도 먹을 수 있는 이탈리아 스테이크를 골라봤습니다.

Advice 〉 발사믹 소스는 강한 불에서 졸이면 쉽게 타므로 반드시 약한 불에서 졸이세요.

치즈 새우 크로켓

벨기에

🍤 쉬림프 크로켓 Shrimp croquette 🍤

크림 새우 크로켓에 치즈가 들어간 요리. 뜨거울 때 먹으면 치즈가 실처럼 늘어납니다.
튀김, 치즈, 새우가 합쳐지면 역시 맥주가 생각나지요.

60 min

재료(2인분)

버터(소스용) 30g
밀가루 박력분 30g(체에 거른다)
우유 1컵(200mL)
A 작은 새우 60g
　　양파 1/4개(다지기)
버터(소 재료용) 1작은술(4g)
B 녹인 치즈 30g
　　소금 1/2작은술
C 밀가루 소백분 적당량
　　달걀 푼 것 1개분
　　빵가루 적당량

만드는 법

1. 소스를 만든다. 냄비에 버터를 녹인 다음 박력분을 넣고 약한 불에서 5분간 타지 않게 볶는다. 우유를 조금씩 부으며 저어준다.

2. 다른 냄비에 버터를 녹인 다음 강한 불로 **A**를 충분히 익게 볶고, **1**과 **B**를 추가해 약한 불에서 5분간 졸인다. 넓적한 접시에 옮겨 담고 30분 정도 두어 완전히 식힌다.

3. **2**를 6등분으로 나눠서 동그랗게 만든 다음 **C**를 순서대로 묻힌다. 180도 기름에서 7분간 바싹 튀긴다.

> 화이트소스는 되직하게 만드는 게 비결. 잘 뭉쳐지고 튀겨낸 뒤에도 바스러지지 않아요. ‹ **Advice**

근사한 걸

민트 치즈 라이스 크로켓
치프치 Qifqi

알바니아

민트, 치즈, 밥을 동그랗게 굴려서 튀겨낸 요리. 진한 치즈에서 상큼한 민트 향기가 납니다. 친숙하지 않은 음식이지만 맛은 최고입니다.

15 min

080 / 196

재료(2인분)

A 쌀 180mL 분량으로 지은 밥(따뜻한 것)
   민트 4줄기(다지기)
   파르마산 치즈 3큰술
밀가루 적당량
달걀 푼 것 1개분
빵가루 적당량

만드는 법

1. 그릇에 A를 넣고 잘 섞어준다.
2. 6등분으로 나눠서 탁구공만 한 크기로 둥글게 만든다.
3. 2를 밀가루, 달걀 푼 것, 빵가루 순으로 묻혀서 180도 기름에 5분 정도 바싹 튀긴다.

Advice 〉 오니기리와 마찬가지로 밥이 따뜻하지 않으면 뭉쳐지지 않으니 주의!

파스타와 경단 사이

옥수숫가루로 만든 경단 수프
하팔랍 Hafalaab

리히텐슈타인

옥수숫가루를 사용한 경단 수프.

⏰ 40 min
081 / 196

재료(2인분)

- A 옥수숫가루 50g, 밀가루 박력분 50g
  물 70mL
- B 오크라 4개(통썰기)
  양파 1/2개(얇게 썰기)
  토마토 펄프 통조림 1/4캔
  부용 1컵(200mL)
  소금 1/2작은술, 후추 조금

만드는 법

1. 그릇에 **A**를 넣고 잘 반죽한다. 6등분으로 나눠서 납작한 동전 모양으로 경단을 만든다.
2. 냄비에 **B**를 넣고 한소끔 끓인다.
3. 1의 경단을 넣고 약한 불에서 30분간 끓인다.

양념은 소금과 후추뿐

양고기 당근 필래프
사마르칸트 폴로 Samarkand Polo

우즈베키스탄

실크로드의 중심에서 먹는 영양밥

⏰ 50 min
082 / 196

재료(2인분)

- A 양고기(또는 소고기 사태살) 100g(한입 크기로 썰기)
  당근 1/2개(깍둑썰기)

샐러드오일 3큰술, 태국쌀(또는 일반미) 180mL
물 210mL, 소금 1/2작은술, 후추 조금

만드는 법

1. 질냄비에 기름을 두르고 달궈지면 **A**를 넣고 중간 불에서 5분간 볶는다. 태국쌀을 넣고 다시 5분간 볶는다.
2. 물을 붓고 끓어오르기 직전까지 저어주며 끓인다. 소금·후추를 뿌린 다음 뚜껑을 닫고 약한 불에서 15분간 밥을 짓는다.
3. 불을 끄고 15분간 뜸 들인 뒤 냄비 바닥까지 밥을 골고루 뒤섞어준다.

소고기 사워크림 스튜

러시아

비프스트로가노프 Beef stroganov

사워크림은 생크림을 발효시킨 것으로 산미와 감칠맛이 뛰어난 식재료입니다.
끓일수록 고기의 풍미와 함께 맛이 깊어집니다.

40 min

재료(2인분)

얇게 저민 소고기 200g(1cm 폭으로 썰기)
샐러드오일 1큰술
양파 1/2개(얇게 썰기)
밀가루 1작은술
A   토마토 펄프 통조림 2큰술
    사워크림 1컵(200mL)
    소금 1/2작은술
    후추 1/4작은술

만드는 법

1. 프라이팬에 기름을 두르고 달궈지면 중간 불에서 소고기를 볶는다. 노릇노릇해지면 일단 꺼내 둔다.
2. 같은 프라이팬에 양파를 넣고 갈색이 돌 때까지 중간 불에서 볶는다. 밀가루를 뿌린 다음 2분 정도 볶는다.
3. **1**의 소고기와 **A**를 추가해 약한 불에서 20분간 끓인다.

Advice › 양파는 반드시 갈색이 될 때까지 볶으세요. 시간이 없는 분은 시판용 처트니를 사용하세요.

근사한 돈가스예요!

빵가루를 입혀 튀긴 돼지고기와 버섯 크림소스

독일 ❀ 예거슈니첼 Jägerschnitzel ❀

바삭바삭하게 튀긴 돈가스에 버섯 소스를 곁들인 요리.
익숙한 음식이라도 소스만 바꾸면 새로운 요리로 재탄생합니다.

30 min

재료(2인분)

- 돼지고기 등심(돈가스용) 2덩어리
- 소금·후추 적당량
- **A**
  - 밀가루 적당량
  - 달걀 푼 것 1개분
  - 빵가루 적당량
- 버섯류(아무것이나) 300g
- 버터 2큰술(24g)
- 화이트와인 1/4컵(50mL)
- 생크림 1/2컵(100mL)
- 버터(소스용) 3큰술

만드는 법

1. 돼지고기에 가볍게 소금·후추를 뿌리고, 두드려서 3mm 두께로 납작하게 만든다. **A**를 순서대로 묻힌다.
2. 냄비에 버터를 녹인 다음 중간 불에서 버섯을 충분히 볶는다. 화이트와인을 붓고 양이 1/3로 줄어들 때까지 졸인다. 생크림을 넣고 다시 양이 절반으로 줄어들 때까지 졸인다. 소금·후추로 간을 맞춘다.
3. 다른 프라이팬에 버터를 녹여 강한 불에서 **1**을 굽는다. 한쪽 면을 적당히 구웠으면 뒤집어서 약한 불에 10분간 굽는다. **2**의 소스를 뿌린다.

Advice 버섯의 풍미를 끌어내려면 천천히 졸이세요. 고기는 닭고기나 소고기도 OK.

정말 감자만?

스위스 — 드넓은 초원에서 즐기는 감자 부침개
뢰스티 Rösti

채 썬 감자를 부친 심플한 요리. 냄새가 고소하고 정말 맛있어요.
고기 요리에 곁들이거나 아침 식사 단품으로도 좋아요.

085 / 196

재료(2인분)
- 감자(메이퀸 품종) 3개
- 소금 2작은술
- 후추 1/2작은술
- 버터 1큰술(12g)

만드는 법
1. 감자를 살짝 데쳐서 채칼로 잘게 썬다. 소금·후추를 뿌려 5분 정도 둔다.
2. 프라이팬에 버터를 녹인 다음 중간 불에서 1을 15분간 뒤집개로 눌러가며 굽는다.
3. 뚜껑을 덮고 아주 약한 불에서 다시 앞뒤 표면을 15분씩 완전히 굽는다.

Advice〉구울 때 움직이면 표면이 예쁘게 완성되지 않으니 조급하게 서두르지 말고 천천히 구울 것!

미니 햄버그스테이크와 요구르트 소스

코프타 Kofta

코소보

발칸반도 지역에 있는 나라. 어쨌거나 고기를 자주 먹는 코소보의 햄버그스테이크.
만드는 법은 일반적으로 거의 똑같지만, 요구르트 산미 덕에 깔끔하게 그릇을 비우게 됩니다.

086 / 196

재료(2인분)

A 다진 고기 300g
　양파 1/4개(다지기)
　달걀 푼 것 1/2개분
　소금 1작은술
　후추 조금
올리브오일 3큰술
요구르트 1컵(200mL)

만드는 법

1. 그릇에 **A**를 넣고 잘 섞은 다음 6등분으로 나눠서 미니 햄버그스테이크를 만든다.
2. 프라이팬에 기름을 두르고 달궈지면 강한 불로 **1**을 굽는다. 색이 노릇노릇해지면 뒤집어서 뚜껑을 닫은 뒤 약한 불에 10분간 굽는다.
3. 그릇에 보기 좋게 담고 잘 섞은 요구르트를 뿌린다.

요리로 보는 세계 7

정체불명의 코소보 요리를 찾아서

코소보공화국이 어디에 있는지 아세요? 부츠 모양의 이탈리아반도에서 굽 모양 부분 부근이자 그리스 북쪽에 자리한 나라입니다. 아름다운 계곡과 성터가 남아 있고, 도시에서 떨어진 광활한 초원에서는 목축이 행해집니다.

많은 사람에게 코소보라는 이름은 독립 분쟁의 이미지가 강하게 남아 있는데요, 2008년에 독립을 선언하고 신생 국가로 태어났습니다. 이미 분쟁은 종결되고 거리에는 다시 평화가 찾아왔는데도 코소보 요리의 레시피는 좀처럼 구하기가 어려워 상당히 고생했습니다.

이 책을 제작하기 전 2010~2012년 '지구촌 요리 마라톤'이라는 주제로 레스토랑에서 전 세계 요리를 제공하는 이벤트를 진행했습니다. 그 당시 여러 도서관을 다니며 코소보 요리를 조사했지만, 정보가 전혀 없었습니다.

마지막 희망을 걸고 검색한 SNS. 거기서 코소보인 남편을 둔 일본 여성의 커뮤니티를 발견했습니다. 곧바로 메시지를 보냈더니 "코소보는 아직 분쟁의 이미지가 강합니다. 요리를 통해 코소보라는 나라가 맛있는 요리가 있고 전쟁 전에는 아름다운 자연이 있었던 곳임을 전할 수 있었으면 좋겠어요" 하는 답변과 함께 귀중한 현지 양념도 보내주었습니다. 그때 배운 요리 레시피입니다.

Advice › 순서가 뒤바뀌어 뚜껑을 덮고 익히게 되면 모양이 불룩해집니다.

바삭하면서 살살 녹는 닭고기 치즈 튀김
포페치 Popečci

몬테네그로

코티지치즈를 닭고기로 말아서 튀긴 요리. 소스는 마요네즈에 물을 풀기만 하면 돼요. 샌드위치로 만들어도 정말 맛있어요.

20 min

087 / 196

재료(2인분)

닭가슴살 300g (6등분으로 썰기)
코티지치즈 90g
소금 1/2작은술
후추 조금
A 달걀 푼 것 1/2개분
　　밀가루 50g
　　물 30mL(2큰술)
마요네즈 50g
물(소스용) 10mL(2작은술)

만드는 법

1. 닭고기를 얇게 저며 펼친 다음 치즈를 넣고 말아준다. 소금·후추를 뿌리고 밀가루를 묻힌다.
2. **A**를 풀어 튀김옷을 만든다. 1을 묻혀서 180도 기름에 6분 정도 바삭 튀긴다.
3. 마요네즈에 물을 넣고 섞어서 **2**에 뿌린다.

> **Advice** 튀김옷 반죽에 넣는 달걀은 흰자만 거품을 내서 쏟아지지 않은 상태로 넣으면 프리터 Fritter처럼 완성됩니다.

그냥 끓이기만 하면 돼!

모나코 | 대구와 채소에 토마토소스를 넣고 끓인 스튜
스토카피 Stocafi

모나코 공국은 미식의 나라. 남프랑스와 이탈리아의 식문화가 섞여 있습니다.
수프에 대구의 육즙이 잘 우러나 있는 지중해 요리입니다.

30 min

088 / 196

재료(2인분)

양파 1/2개(얇게 썰기)
올리브오일 2큰술
A 대구 2토막(한입 크기로 썰기)
　　토마토 펄프 통조림 1/2캔
소금 1/2작은술
후추 조금

만드는 법

1. 프라이팬에 기름을 두르고 달궈지면 중간 불에서 양파를 충분히 볶는다.
2. **A**를 추가하고 한소끔 끓인다. 거품을 없앤 다음 약한 불에서 20분 끓인다. 소금·후추로 간을 맞춘다.

Advice 〉 마지막에 레몬을 짜서 뿌려 먹어도 맛있어요.

오늘 저녁은 파티로구나

덴마크 북유럽 오픈 샌드위치
스뫼레브뢰드 Smørrebrød

빵을 덮지 않은 오픈 샌드위치. 취향에 맞게 재료를 조합해서 시도해보세요.
흑갈색 호밀빵을 사용하는 것이 현지풍.

10 min

089 / 196

재료(2인분)

호밀빵(식빵) 6조각
햄 2장
훈제 연어 2장
삶은 달걀 1개(4등분하기)
마요네즈 1작은술
방울토마토 1개
어린잎 채소 적당량
처빌Chervil(있으면) 적당량
딜Dill(있으면) 적당량

만드는 법

1. 사진을 참고해서 빵 위에 좋아하는 재료를 얹는다. 마요네즈를 전부 사용해도 괜찮습니다.

Advice 새우, 이크라(연어나 송어 알을 염장한 것), 치즈나 파프리카, 얇게 저민 양파 등도 잘 어울립니다.

'오세아니아' 요리를 집에서 즐겨요

OSEANIA

오스트레일리아나 파푸아뉴기니 등 태평양 일대의 나라를 일컫는 오세아니아. 대부분의 나라가 사방이 바다로 둘러싸인 작은 섬이어서 식문화도 독특합니다. 야자나무가 자라는 남국 섬의 이미지답게 코코넛을 사용하는 나라가 많고 그 사용 방법도 다양합니다.

섬에서 조달할 수 있는 식재료가 풍부하지 않아서 한정된 여건에서 고안한 방법으로 요리를 만들어 먹습니다. 더운 나라 특유의 상큼한 요리도 눈여겨볼 만합니다.

맛의 끝판왕!

밥이 술술 넘어가는 초간장 닭고기찜

미크로네시아

치킨 아도보 Chicken adobo

하룻밤 양념에 재워 둔 뒤에 끓이기만 하면 그만.
식초와 후추의 진한 맛이 입안에 가득 퍼져 흰 쌀밥이 생각납니다.

40 min

재료(2인분)

닭다리살 1덩어리(한입 크기로 썰기)
다진 마늘 1작은술(1쪽 분량)
사케 40mL
간장 1/4컵(50mL)
식초 1/4컵(50mL)
통후추 6알

만드는 법

1. 그릇에 재료를 모두 넣고 냉장고에 하룻밤 재운다.
2. 냄비에 1을 넣고 한소끔 끓인 다음 약한 불에서 30분 더 끓인다.

Advice 식초를 넣은 것은 잘 상하지 않게 하는 요리법. 태평양의 더운 나라에서 발달한 지혜입니다.

코코넛밀크에 끓이기만 하면 돼

통가

양배추와 콘드비프를 넣은 코코넛밀크 스튜
★ 카피시 플루 Kapisi pulu ★

통가 사람은 콘드비프*를 좋아해요.
이 스튜는 먹을수록 중독되는 맛인데, 여러분도 그 매력을 느껴보세요.

10 min

091 — 196

재료(2인분)

콘드비프 50g
양배추 1/4개(채 썰기)
코코넛밀크 1컵(200mL)
소금 조금

만드는 법

1. 냄비에 재료를 모두 넣고 중간 불에서 양배추가 연해질 때까지 끓인다.

* 콘드비프 Corned beef : 소금, 향신료 등으로 염장해서 쪄낸 소고기

Advice 〉통가에서는 콘드비프를 과자 대신 먹는대요.

109

남국 섬에서 참치를 먹는 방법

쿡 제도

참치와 채소, 코코넛크림 무침

이카 마타 Ika mata

참치회를 코코넛밀크로 버무린 요리. 라임을 짜낸 즙이 상큼해서 남국다운 맛을 냅니다.
현지에서는 아침밥으로 즐겨 먹습니다.

092 / 196

재료(2인분)

참치(붉은 살) 100g(깍둑썰기)
오이 장식할 정도(채썰기)
당근 장식할 정도(채썰기)
코코넛밀크 4큰술
라임즙 1/2개분
소금·후추 1/2작은술

만드는 법

1. 그릇에 재료를 모두 넣고 함께 섞는다.

요리로 보는 세계 8

세계의 참치 요리

여러분은 참치를 좋아하세요? 참치 초밥이나 김초밥, 덮밥으로 먹어도 맛있지요.
일본에서는 '조몬 시대*부터 먹었다'는 설이 있을 정도로 참치는 우리에게 아주 친숙한 생선인데요, 참치를 먹는 것은 비단 일본 사람만이 아닙니다.
사실 참치는 남아메리카 먼바다나 아프리카의 먼바다, 지중해에서도 잡히는 생선입니다. 그리하여 전 세계 식탁에 일상적으로 오르내리고 있습니다. 비교적 잘 알려진 요리는 생참치와 문어를 마리네식으로 재운 하와이의 아히 포케Ahi poke입니다.
쿡 제도는 남대서양에 있는 날짜 변경선에 인접한 나라로 야자나무와 푸른 바다가 아름답게 펼쳐진, 그야말로 남국의 섬입니다. 이곳에서도 참치가 잘 잡혀서 자주 먹습니다. 그런데 조리법은 코코넛에 버무리는 식. 우리에게는 거의 상상조차 못 하는 조리법이지만, 쿡 제도에서는 이것이 흔한 방식입니다.
세계 요리를 만들다 보면 '말도 안 돼!' 하고 느껴지는 요리법이 상당히 많습니다. 그런 낯선 요리법을 처음 접했을 때는 '이상해'라거나 '꺼림칙해'라고 생각할 수 있습니다. 어쨌든 일단 먹어보고 그런 것이 상대방의 문화임을 인정하면서 서로를 이해한다면 세상은 훨씬 더 즐거울 것입니다.

* 조몬시대: 일본의 선사시대 중 기원전 1만 4000년경~기원전 4세기까지 시기

Advice 〉 코코넛크림이 없을 때는 코코넛밀크 통조림에 굳어 있는 부분을 대신 활용.

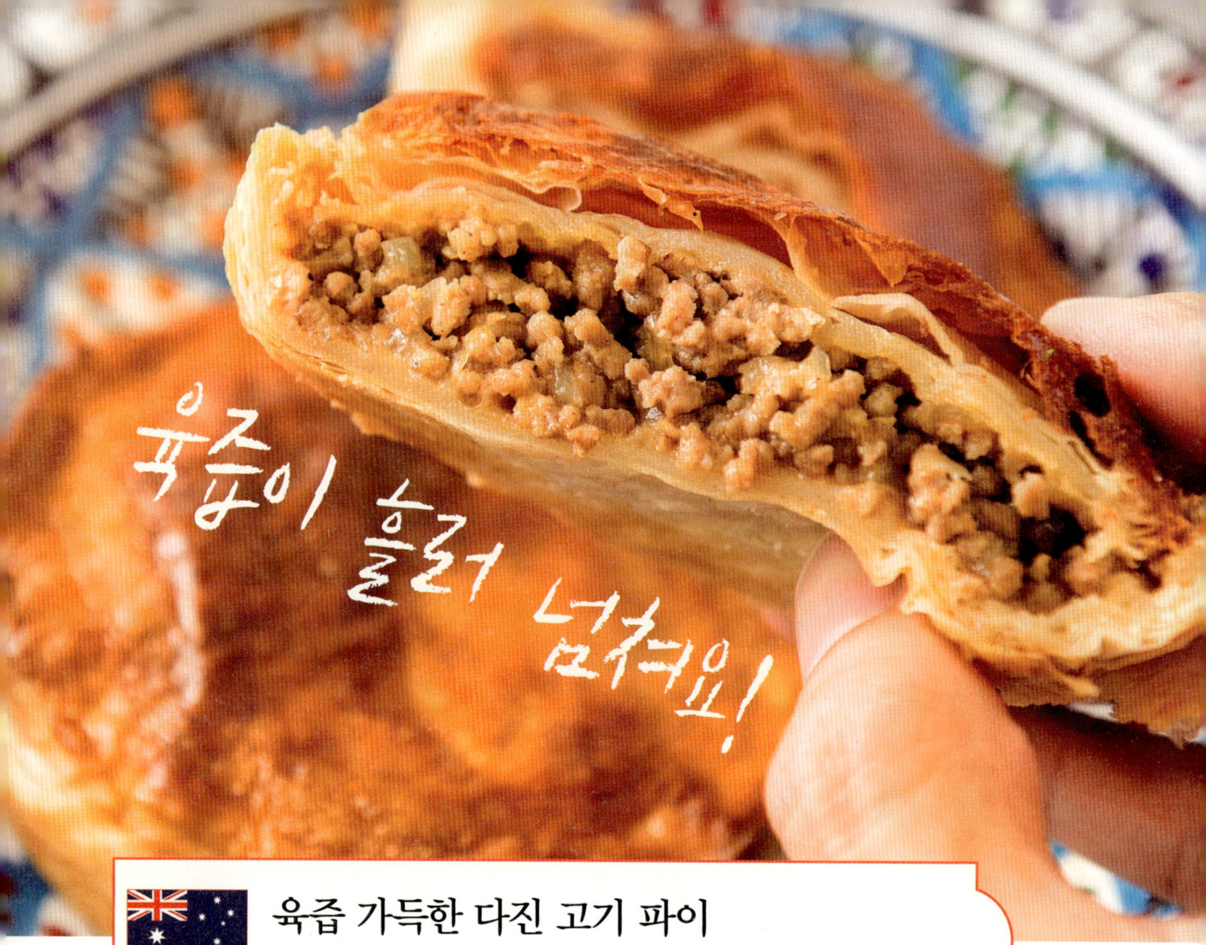

오스트레일리아

육즙 가득한 다진 고기 파이

미트 파이Meat pie

파이 반죽 안에 육즙이 꽉 찬 간식입니다. 파이 시트를 사용하면 의외로 간단.
쉬는 날 친구나 아이와 함께 만들면 좋아요.

90 min

093 / 196

재료(2인분)

양파 1/2개(다지기)
버터 1큰술(12g)
다진 고기 400g
토마토 펄프 통조림 1/4캔
소금·후추 조금
냉동 파이 시트 4장
달걀 푼 것 적당량

만드는 법

1 프라이팬에 버터를 녹인 다음 양파를 중간 불에서 충분히 볶는다. 다진 고기를 넣고 충분히 익으면 토마토 펄프를 추가한다.

2 소금·후추로 간을 맞추고 수분이 사라질 때까지 볶는다. 넓적한 접시에 펴서 식힌다.

3 파이 시트를 지름 10cm의 원형으로 자른다. 2의 재료를 올린 다음 달걀 푼 것을 가장자리에 발라 파이를 덮는다. 파이 표면에도 달걀 푼 것을 바른다.

4 220도 오븐에서 15분간 구운 다음 다시 180도로 온도를 내려 20분 더 굽는다.

소로 넣을 재료는 수분이 완전히 날아갈 때까지 볶아서 풍미를 응축시키는 것이 비결이에요. 〈 Advice

영국이
여기에도!

흰 살 생선과 감자튀김

뉴질랜드

❦ 피시앤칩스 Fish & Chips ❦

영국인 이민자가 많은 뉴질랜드에서도 인기 있는 요리.
외식 문화가 왕성한 뉴질랜드에서는 이것이 국민 음식입니다.

094 / 196

재료(2인분)

감자 2개(막대 썰기)
대구 100g
소금·후추 조금
밀가루 50g
녹말 50g
맥주 1/2컵(100mL)

만드는 법

1 감자를 180도 기름에 3분간 튀긴다.
2 대구에 소금·후추를 뿌린다.
3 밀가루와 녹말을 맥주에 풀어서 튀김옷을 만든다. 2에 튀김 옷을 묻혀 180도 기름에 5분간 튀긴다.

Advice 〉 흰 살 생선은 꼭 큼직한 것을 사용하세요. 훨씬 현지 느낌이 납니다.

113

가라앉는 섬의 중화요리 덮밥

투발루

촙수이 | Chop suey

'촙수이'는 아시아풍의 채소고기볶음을 의미하는 단어.
중국에서 풍부한 식재료가 유입되면서 중국식 볶음 요리도 널리 보급됐습니다.

30 min

095 / 196

재료(2인분)

A 다진 마늘 1/2작은술
    다진 생강 1/2작은술
    배추 1/8개(큼직하게 썰기)
    양파 1/2개(얇게 썰기)
    당근 1/2개(은행잎 썰기)
    닭 가슴살 100g(깍둑썰기)
    청경채 1/2포기(큼직하게 썰기)
    목이버섯 3g(물에 불려 채썰기)
샐러드오일 1큰술, 닭 뼈 육수 300mL

B 굴소스 2큰술, 간장 3큰술
    소금 1/2작은술
    전분 1큰술(물을 3배 넣고 갠다)
    참기름 1작은술, 밥 2공기분

만드는 법

1. 프라이팬에 기름을 두르고 달궈지면 중간 불에서 **A**를 순서대로 볶는다. 모두 충분히 익으면 닭 뼈 육수를 넣고 한소끔 끓인다.

2. 거품을 없앤 다음 **B**를 넣고 물에 푼 녹말가루를 저으면서 붓는다. 약한 불로 줄여 5분간 끓인 다음 고소한 향이 나도록 참기름을 둘러준다. 밥 위에 담아낸다.

볶는 방법이 맛을 내는 포인트이므로 반드시 순서대로 볶을 것. **Advice**

바다 건너에도 똑같네

바누아투

소고기 감자 카레
커리 Curry

일본식 카레 요리와 비슷한 남태평양의 카레.
바누아투 사람은 '카레'와 '양념' 맛을 무척 좋아합니다.

80 min

096 / 196

재료(2인분)

A 소고기 100g(한입 크기로 썰기)
　　물 1컵(200mL)
B 감자 1개(대강 썰기)
　　양파 1/2개(십자썰기)
　　당근 1/2개(은행잎 썰기)
올리브오일 2큰술
카레 가루 2큰술
콩소메(과립) 2작은술
녹말 1큰술(물을 3배 넣고 갠다)

만드는 법

1. 냄비에 A를 넣고 약한 불에서 한소끔 끓인다. 거품을 없앤 다음 약한 불에 다시 30분간 삶는다.
2. 다른 냄비에 기름을 두르고 달궈지면 중간 불에서 B가 익을 때까지 충분히 볶는다.
3. 카레 가루를 넣고 볶는다. 향이 배었으면 1을 삶았던 물과 함께 붓고 약한 불에서 30분간 끓인다. 콩소메로 간을 맞추고 물에 푼 녹말을 마저 부어서 걸쭉하게 만든다.

* 루Roux: 서양 요리에서 소스나 수프를 걸쭉하게 하려고 넣는 밀가루를 버터로 볶은 것.

Advice 〉 루*가 없어도 물에 푼 녹말을 사용하면 집에서도 간단히 카레 요리를 만들 수 있어요.

파푸아뉴기니

사고야자 전분으로 만든 찹쌀떡
사크사크 Saksak

사고야자 나무의 전분으로 만든 떡. 아무 맛도 나지 않고 풀을 먹는 것 같은 식감으로 처음 접한 사람은 먹기 힘들 수도 있으나, 현지에서는 이것이 일상 주식입니다.

20 min

097 / 196

재료(2인분)

사고야자 전분 50g
물 1과 1/4컵(250mL)

만드는 법

1. 그릇에 재료를 모두 넣고 잘 풀어준다.
2. 냄비에 1을 넣고 중간 불로 은근히 끓이면서 떡이 될 때까지 저어준다.
3. 식으면 한입 크기만큼 수저로 떠낸다.

요리로 보는 세계 9

아무 맛도 나지 않는 음식

아직도 신종 생물이 계속 발견되는 자연의 보고인 파푸아뉴기니.

이 나라 사람들이 먹는 '사고야자 전분'은 사고야자라는 품종의 야자나무 줄기에서 채취한 가루인데요. 파푸아뉴기니에서 자생하는 나무를 베어 수확합니다. 거기에서 거두어들인 전분은 거의 아무 맛도 나지 않아서 처음 접한 사람은 대부분 먹기 힘들어 할 것입니다.

나라마다 음식에 대한 사고방식은 다양합니다. 파푸아뉴기니에서는 특정 음식을 좋아한다거나 하는 욕구가 거의 없습니다. 오늘은 이걸 먹어야지, 하고 생각하는 게 아니라 단지 수확한 것을 먹는 생활. 게다가 사고야자 전분은 아무 맛도 나지 않습니다. 우리는 일상생활에서 다양한 음식을 먹기 때문에 맛있다든가 맛없다든가 하는 다양한 감정을 느끼지만, 파푸아뉴기니에서는 그런 생각 자체가 없습니다. 여러 가지 음식이 있으면 무척 풍요롭다고 느끼기는 하나, 먹을 것이 풍부하지 않아도 일상생활에 충실하면서 아이들이 건강하게 자라고 모두가 웃을 수 있으면 그것만으로 행복하다고 생각할지 모릅니다.

모양은 굉장히 심플하지만, 요리사로서 여러 가지 생각을 하게 되는 요리입니다. 맛없다는 게 정직한 감상이겠지만요. (웃음)

Advice 〉 사고야자 전분은 인터넷이나 해외 직구를 통해 구입할 수 있습니다.

시나몬을 넣어 튀긴 도넛.
겉은 바삭바삭, 속은 쫄깃쫄깃.

재료(2인분)

A 밀가루 박력분 300g, 베이킹파우더 1작은술
   시나몬 1작은술
달걀 2개
B 우유 70mL, 설탕 50g

만드는 법

1 A를 체에 거른다.
2 그릇에 달걀을 넣고 가볍게 풀어서 B를 넣고 섞는다. 1을 붓고 매끈해지게 저은 다음 냉장고에 30분간 재운다.
3 2를 숟가락으로 한입 크기만큼 떠서 180도 기름에 살짝 떨어뜨린 뒤 8분 정도 갈색이 돌 때까지 튀긴다.

사모아

시나몬 튀김 도넛
판케케 Panqueque

고구마와 코코넛이
적당히 달콤한 간식.

재료(2인분)

고구마 2개(한입 크기로 썰기)
토란 6개(한입 크기로 썰기)
코코넛밀크 2컵(400mL)

만드는 법

1 냄비에 재료를 모두 넣고 중간 불에서 15분간 끓인다.
2 그릇에 옮긴 다음 냉장고에서 완전히 차갑게 식힌다.(3시간 정도)

솔로몬제도

고구마 코코넛 조림
코코넛 쿠마라 Coconuts Kumara

디저트 같은 주먹밥.
오메기떡과 비슷한 느낌이랄까?

재료(2인분)

A   밥 2공기
    설탕 2큰술
코코넛 플레이크 적당량

만드는 법

1. 그릇에 A를 넣고 섞는다.
2. 탁구공 크기 정도로 동그랗게 빚어서 코코넛 플레이크를 묻힌다.

나우루

밥과 코코넛으로 만든 간식
코코넛 라이스 볼 Coconuts rice ball

본고장에서는 타로 고구마. 파파야 대신에
망고나 감을 사용해도 달콤하고 맛있어요.

재료(2인분)

토란 6개(5mm 폭으로 통썰기)
파파야 1/2개(5mm 폭으로 썰기)
코코넛밀크 1/2컵(100mL)

만드는 법

1. 알루미늄 포일을 40cm 정도 길이로 편다. 그 위에 준비한 토란 분량의 절반을 깔고, 파파야도 분량의 절반을 겹쳐서 올린다. 남은 토란, 파파야를 다시 반복하여 포갠다.
2. 코코넛밀크를 골고루 뿌린다. 알루미늄 포일을 빈틈없이 꼼꼼히 덮어서 접는다.
3. 200도로 달군 오븐에 15분간 굽는다.

니우에

토란과 파파야 찜
타키히 Takihi

파티의 전채 요리로

흰 살 생선 코코넛 마리네

피지

☆ 코콘다 Kokonda ☆

생선회를 코코넛에 절인 피지의 집밥 요리. 레몬즙과 코코넛 풍미가 완벽한 조합을 이룹니다.
흰 살 생선은 어떤 종류도 어울려요.

40 min

재료(2인분)

A 도미나 농어(생선회용) 100g
  레몬즙 1작은술
  소금 1작은술
B 양파 1/4개(다지기)
  토마토 1/4개(깍둑썰기)
  오이 1/5개(채썰기)
  코코넛밀크 1/2컵(100mL)

만드는 법

1. 그릇에 A를 넣고 잘 섞어준 다음 냉장고에서 30분간 절인다.
2. 1에 B를 넣고 버무린다.
3. 냉장고에서 완전히 차갑게 식힌다.(3시간가량)

간단하지만 그럴듯해 보이는 마리네. 마스터해두면 손해는 없어요. 〈 Advice

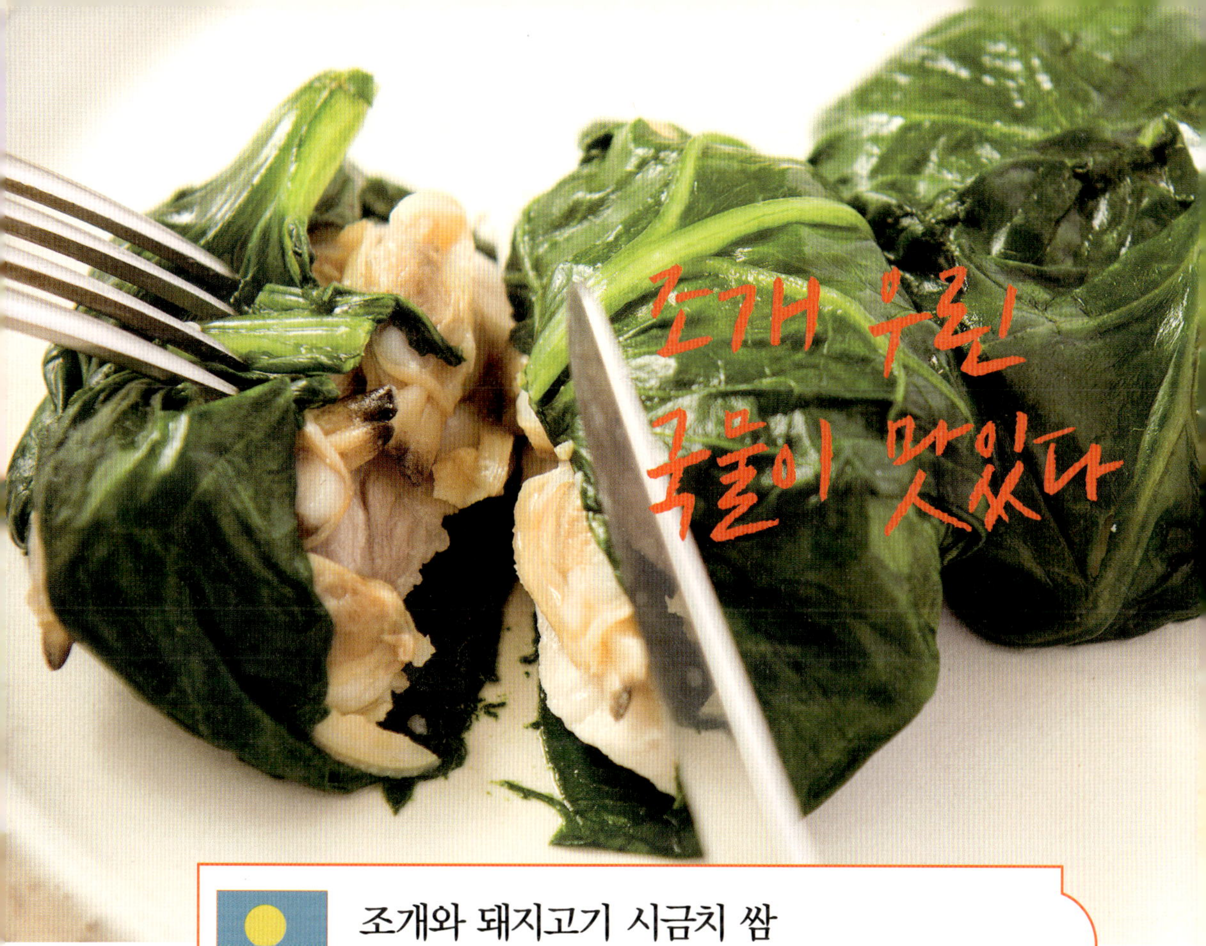

팔라우

조개와 돼지고기 시금치 쌈

랩트 클램 앤 포크 Wrapped clam & pork

일본이 점령했던 영향이 지금도 남아 있는 팔라우의 요리.
선명한 초록색 쌈을 열면 맛있는 조개와 돼지고기 냄새가 확 풍깁니다.

20 min

103 / 196

재료(2인분)

조개 100g
시금치 2다발
돼지고기 등심 2토막(채썰기)
올리브오일 2큰술
소금 1/2작은술
후추 조금

만드는 법

1 조개를 삶아서 살을 발라낸다.

2 시금치를 1분간 데친다.

3 프라이팬에 기름을 두르고 달궈지면 중간 불에서 1과 돼지고기를 5분 정도 볶다가 소금·후추를 뿌린다.

4 그릇에 시금치를 깔고 2를 감싼 다음 찜통에 넣고 강한 불에서 5분 찐다.

Advice 〉 시금치 색을 선명하게 유지하는 비결은 데친 뒤 냉수에 넣었다가 꺼내는 것.

밥에 얹어 먹고 싶네

참기름에 버무린 참치

마셜제도 공화국

포케 Poke

생선회가 남은 다음 날에 만들어도 좋아요.
간장을 넣고 무친 음식으로 참기름과 생강이 맛을 돋웁니다.

5 min

104 / 196

재료(2인분)

참치(붉은 살) 100g(깍둑썰기)
아보카도 1개(깍둑썰기)
양파 1/6개(다지기)
다진 생강 1/2작은술
참기름 1큰술
간장 2큰술
소금 1/2작은술

만드는 법

1 그릇에 재료를 모두 넣고 골고루 섞어준다.

Advice 비교적 손쉽게 만들 수 있기 때문에 급히 식탁에 요리 하나를 더 내놓고 싶을 때 제격입니다.

더운 나라의 지혜

키리바시

참치와 코코넛즙을 뿌린 밥
🍴 피시 라이스 Fish rice 🍴

세계에서 가장 먼저 날이 바뀌는 남쪽의 섬. 생선을 먹는 문화도 있습니다.
카레 가루가 들어가서 의외로 밥이 어울립니다.

10 min
105 — 196

재료(2인분)

참치(붉은 살) 100g(깍둑썰기)
소금 1작은술
A 카레 가루 1작은술
    코코넛밀크 1/2컵(100mL)
밥 2공기

만드는 법

1. 그릇에 참치를 넣고 소금을 뿌린다.
2. 참치에서 빠져나온 수분을 버리고 **A**를 추가한다.
3. 밥 위에 **2**를 돈부리처럼 올린다.

Advice 〉 시원하게 해서 먹는 것도 추천합니다.

'아프리카' 요리를 집에서 즐겨요

AFRICA

일설에 따르면 '인류의 발상지'라고 전해지는 아프리카. 사바나에는 야생동물이 뛰놀고 사방에 생명의 기운이 넘치는 땅입니다.
우리가 느끼기에 '아프리카'는 한 나라 같지만, 각각의 나라마다 식문화가 다릅니다.
사막, 고원, 밀림, 지중해 연안 등 다양한 환경은 물론이고, 민족과 문화도 100종류 이상에 달하며 식민지화의 영향도 받아서 다채로운 특성을 띠는 아프리카 요리에 도전해보세요.

알알이 씹히는 식감에 빠져든다!

니제르

세계에서 가장 작은 토마토소스 파스타
✦ 쿠스쿠스 Couscous ✦

세계 최소형 파스타로도 불리는 '쿠스쿠스'. 볼록볼록한 식감이 특징입니다.
파스타 소스에는 기본적으로 무엇이든 어울립니다.

⏱ 60 min

재료(2인분)

A 마늘 1/2쪽(다지기), 양파 1/2개(곱게 다지기)
올리브오일 2큰술
닭다리살 1토막(깍둑썰기)

B 파프리카 빨간색·노란색 각 1/2개(얇게 썰기)
피망 2개(얇게 썰기)
토마토 펄프 통조림 1/2캔

C 병아리콩(삶은 통조림) 50g
물 1/2컵(100mL), 소금 조금

D 쿠스쿠스 3/4컵, 올리브오일 2큰술
소금 1작은술
뜨거운 물 1/4컵(50mL)

만드는 법

1 냄비에 기름이 달궈지면 중간 불에서 **A**가 익을 때까지 충분히 볶는다. 닭고기를 넣고 노릇노릇하게 굽는다. **B**를 추가하여 부드러워지도록 볶는다. 토마토를 넣고 중간 불에서 5분간 끓인다. 거품을 제거한 다음 **C**를 넣고 약한 불에서 다시 30분간 끓인다

2 쿠스쿠스를 만든다. 그릇에 D를 넣고 섞는다. 뜨거운 물을 붓고 랩을 씌워서 10분간 불린다.

3 2가 굳지 않도록 저어준 다음 접시에 담는다. 1을 위에 부어 준다.

Advice ▷ 쿠스쿠스를 제대로 요리하는 방식이 있긴 하지만, 이것이 가장 간단한 방법입니다.

우간다의 주식인 옥수수 경단

우간다

≈ 포쇼 Posho ≈

아프리카에서 널리 먹는 주식. 처음 경험하는 미끄러운 식감일 것입니다.
포쇼 자체는 거의 아무 맛도 나지 않으니, 고기나 콩 같은 스튜 요리에 찍어서 먹어보세요.

10 min

107 / 196

재료(2인분)

물 2컵반(500mL)
A 건조된 매시트포테이토(시판용) 100g
   전분 50g

만드는 법

1 냄비에 물을 붓고 끓인다.
2 약한 불로 줄인 다음 **A**를 넣고 저어준다. 힘이 꽤 들지만, 끈기가 생길 때까지 골고루 저어준다.

요리로 보는 세계 10

세계의 주식을 먹어봅시다

세계 3대 곡물로 알려진 옥수수는 아프리카에서도 중요한 식재료입니다. 아프리카 지역의 옥수수는 흰 품종인데요. 이것을 건조한 가루를 반죽해서 떡처럼 먹습니다.

아프리카 옥수수는 비료 없이 심한 가뭄의 메마른 땅에서도 잘 자라는 강한 품종이어서 귀한 식자재로 통합니다. 이번에 소개한 요리에서는 흰 옥수숫가루 대신 매시트포테이토 가루를 사용했는데, 느껴지는 식감은 매우 비슷합니다.

아프리카는 넓어서 대륙 안에서도 쌀이 주식인 지역이 있고, 이렇게 흰 옥수수를 먹는 지역, 또는 카사바라는 종류의 고구마를 먹는 지역도 있습니다. 게다가 이 요리를 부르는 이름도 케냐에서는 우갈리라 하고, 말라위에서는 시마라고 부릅니다. 약간 단단한 정도에 차이가 있으나 원래부터 같은 종류입니다.

현지에서는 손으로 떼서 탁구공만 하게 동그랗게 빚어 소스(현지에서는 스튜의 의미)에 찍어 먹습니다. 매일같이 먹는 음식이다 보니 현지 사람에게는 집밥처럼 마음이 편해지는 맛이겠지요.

가끔은 흰쌀밥이 아니라 이런 포쇼에 반찬을 곁들여 먹으면 아프리카의 식탁과 그곳에 사는 사람들의 기분을 느껴볼 수 있을 것입니다.

Advice 〉 건조된 매시트포테이토는 흰 옥수숫가루의 대용품. 대형 마트나 인터넷에서 구매할 수 있습니다.

생선 요리의 세계가 넓어진다

흰 살 생선 땅콩 스튜

가봉

✦ 피시 피넛 스튜 Fish peanuts stew ✦

생선을 땅콩버터에 끓인 요리.
생선과의 조합이 의외지만, 고소하면서도 감칠맛이 더해져 맛있습니다.

30 min

108 / 196

재료(2인분)

A 다진 마늘 1/2작은술
   다진 생강 1/2작은술
   양파 1/2개(얇게 썰기)
올리브오일 2큰술
흰 살 생선(농어나 도미) 2토막(한입 크기로 썰기)
B 토마토 펄프 통조림 1/4캔
   물 1/4컵(50mL)
C 땅콩버터 2큰술, 카더몬 1/2작은술
   커민 1/2작은술, 소금 1작은술
   후추 1/4작은술

만드는 법

1. 냄비에 기름을 달군 뒤 중간 불에서 **A**를 충분히 볶는다. 생선을 넣고 익을 때까지 볶는다.
2. **B**를 추가하고 한소끔 끓이다가 **C**를 넣는다. 거품을 없애고 약한 불에서 15분간 끓인다.(땅콩버터는 단맛이 없어도 OK.)

카더몬은 홍차나 카레에 넣어도 훨씬 맛있어지는 마법의 향신료. 〈 Advice

소고기 땅콩 찜

잠비아

미트 스튜 인 그라운드너트 소스 Stew de meat in groundnut sauce

땅콩버터를 훌륭하게 사용한 요리. 이 요리에는 달콤한 땅콩버터도 OK입니다.
고소함과 단맛이 참깨소스처럼 쉽게 친숙해지는 맛.

70 min

재료(2인분)

A 소고기 사태살 100g(한입 크기로 썰기)
   물 1컵(200mL)
양파 1/2개(얇게 썰기)
올리브오일 1큰술
B 토마토 펄프 통조림 1/2캔
   땅콩버터 1큰술
   소금 1/2작은술

만드는 법

1 냄비에 A를 넣고 한소끔 끓인다. 거품을 없애고 약한 불에서 다시 40분간 삶는다.

2 다른 냄비에 기름을 두르고 달궈지면 중간 불에서 양파를 충분히 볶는다.

3 B와 1을 삶은 물째로 함께 넣고 약한 불에 20분간 끓인다.

Advice 〉 땅콩버터와 오크라는 아프리카를 대표하는 식재료. 꼭 마스터해보세요!

걸쭉한 토마토 강낭콩 찜

부룬디

🍃 마하라궤 Maharagwe 🍃

강낭콩과 토마토를 푹 끓여낸 심플한 요리. 달콤한 채소의 감칠맛이 가득 배어 있습니다.
'마하라궤'는 스와힐리어로 '콩'이라는 뜻입니다.

70 min

110 — 196

재료(2인분)

강낭콩 100g(물 500mL에 하룻밤 동안 담가 둔다)
A 마늘 1쪽(다지기)
   양파 1/2개(다지기)
올리브오일 1큰술
토마토 펄프 통조림 1/2캔
소금 1작은술

만드는 법

1 냄비에 콩을 불렸던 물과 함께 붓고 중간 불에서 30분간 익을 때까지 삶는다.
2 다른 냄비에 기름을 두르고 달궈지면 중간 불에서 A를 충분히 볶는다.
3 토마토와 1을 삶은 물과 함께 붓고 다시 약한 불로 30분간 끓인다. 소금으로 간을 맞춘다.

아프리카의 어머니들도 우리와 마찬가지로 콩 삶는 시간이 길어요. ⟨ Advice

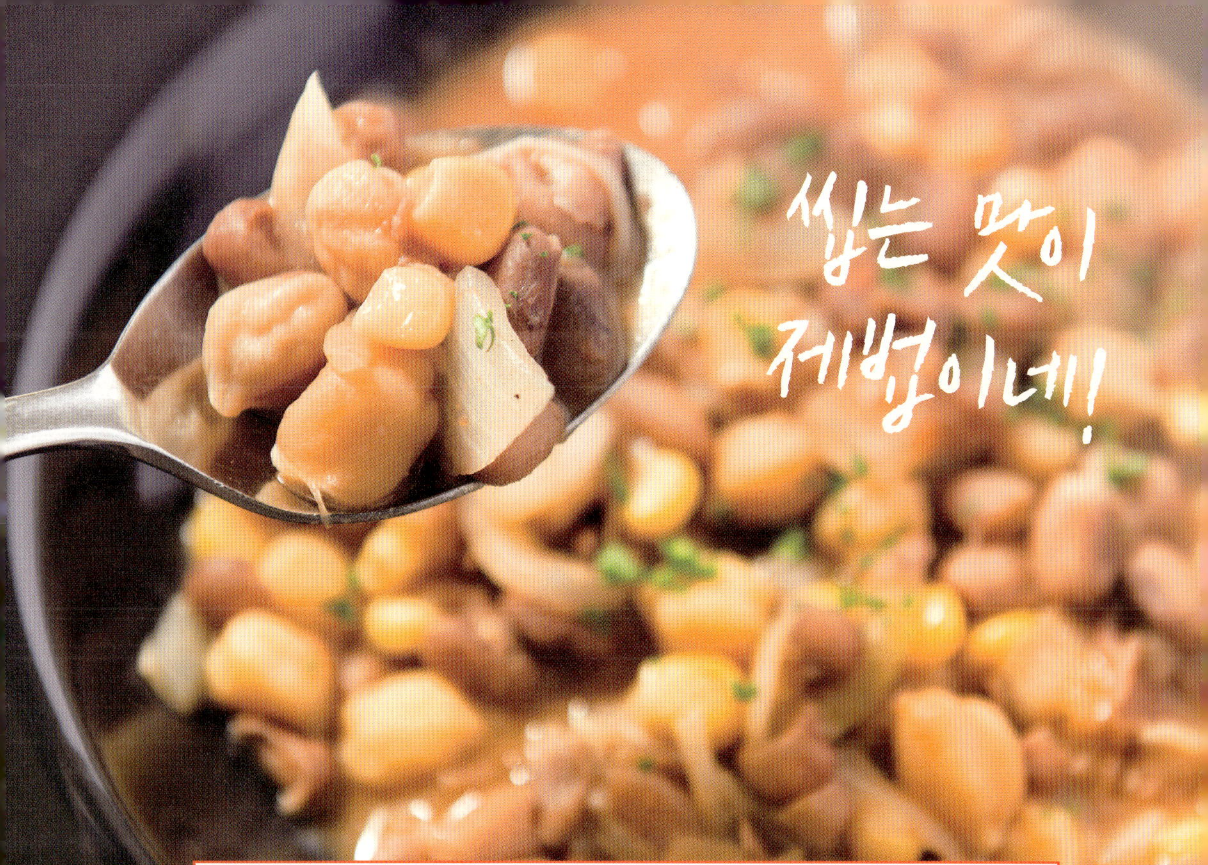

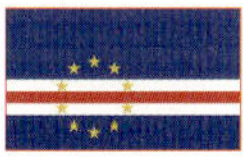
카보베르데

콩과 콘그릿츠 스튜

카추파Cachupa

오도독거리는 콩과 옥수수가 터지는 식감에 빠져드는 스튜 요리.
현지에서는 아주 흔하게 먹는 국민 음식.

100 min

111 / 196

재료(2인분)

A 카리오카 콩(또는 강낭콩) 50g(하룻밤 물에 담가둔다)
물 1컵 반(300mL)

양파 1/2개(얇게 썰기)

올리브오일 3큰술

병아리콩(삶은 통조림) 50g

B 옥수수(통조림) 30g
콘그릿츠 50g
소금 1/2작은술

만드는 법

1. 냄비에 **A**를 넣고 중간 불에서 삶는다.
2. 다른 냄비에 기름을 두르고 달궈지면 중간 불로 양파를 충분히 볶는다. 병아리콩과 **1**을 삶은 물과 함께 한소끔 끓인 다음 약한 불로 줄여서 다시 30분간 끓인다.
3. **B**를 넣고 걸쭉해질 때까지 저어주다가 약한 불에서 30분간 끓인다.

Advice 〉 과자에도 사용하는 콘그릿츠. 인터넷이나 수입 식료품점에서 구매할 수 있습니다.

아프리카의 식탁

콩고

심플한 통닭구이
로스트 치킨 Roast chicken

마늘과 생강으로 밑간한 통닭구이. 냄새가 식욕을 자극합니다.
심플하지만 작은 수고로 아주 맛있게 먹을 수 있습니다.

45 min

재료(2인분)

닭다리살 2토막(한입 크기로 썰기)
다진 마늘 1/2작은술
다진 생강 1/2작은술
소금 1작은술
후추 1/2작은술

만드는 법

1. 그릇에 재료를 모두 넣고 잘 버무려준 다음 냉장고에서 30분 간 재운다.
2. 생선 굽는 그릴로 중간 불에서 앞뒤 표면을 5분씩 노릇노릇 하게 굽는다.

Advice 〉 닭고기는 돼지고기로 대신해도 맛있어요. 집에 있는 고기로 꼭 한번 만들어보세요!

콩고민주
공화국

흰 강낭콩 소고기 스튜
비프 앤 빈즈 스튜 Beef & Beans stew

그리운 집밥이 생각나는 간단한 콩과 고기 스튜.
콩과 고기를 따로따로 삶아서 여름에도 먹을 수 있을 정도로 맑고 담백합니다.

100 min

재료(2인분)

흰 강낭콩(대두) 100g(하룻밤 물에 담가 둔다)
A 소고기 사태살 100g(한입 크기로 썰기)
　 물 1컵(200mL)
B 마늘 1/2쪽(다지기)
　 양파 1/2개(얇게 썰기)
올리브오일 1큰술
C 토마토 펄프 통조림 1/2캔
　 소금 1/2작은술

만드는 법

1. 흰 강낭콩을 중간 불에서 30분간 말랑거리게 삶는다.
2. 다른 냄비에 **A**를 넣고 중간 불에서 40분간 삶는다.
3. 다른 냄비에 기름을 두르고 달궈지면 중간 불에서 **B**를 충분 히 볶는다.
4. 1과 **C**를 삶은 물째로 합쳐서 강한 불에 한소끔 끓인다. 거품 을 없애고 약한 불에서 20분간 다시 끓인다.

Advice 〉 콩에서 거품이 나오니 맨 처음 삶은 물은 버리세요.

밥 위에 파스타가?!

이집트

렌틸콩 마카로니 토마토 밥
쿠샤리 Kushari

쌀, 파스타, 마카로니 등
탄수화물을 토마토소스에 마구 섞어서 먹습니다.

100 min

114 — 196

재료(2인분)

렌틸콩 50g
마카로니 30g
스파게티 30g
A 토마토소스(시판용) 1컵(200mL)
   커민 1/4작은술
밥 2공기분
튀긴 양파 프레이크 4큰술

만드는 법

1. 렌틸콩을 1시간 물에 담가 불렸다가 중간 불에서 30분간 삶는다.
2. 마카로니, 스파게티를 데친다.
3. 냄비에 A를 넣고 데운다.
4. 그릇에 밥을 담고 1과 마카로니, 스파게티를 포개서 얹은 다음 3과 튀긴 양파를 뿌린다.

Advice 현지에서는 식당마다 바삭바삭한 빵을 넣거나 다양한 재료를 사용하므로 취향대로 도전하세요!

아프리카식 리소토네요

양고기 국밥
모리타니

≋ 머튼 위드 라이스 Mutton with rice ≋

국토가 사하라 사막으로 덮인 서아프리카 나라에는 심플한 요리가 많습니다.
밥에 고기 맛이 스며들어 맛있습니다.

40 min

재료(2인분)

A 마늘 1쪽(다진 것)
　　양파 1/2개(다진 것)
피넛오일(올리브오일) 3큰술
양고기(또는 소고기 사태살) 100g(한입 크기로 썰기)
쌀 180mL(씻어 둔다)
소금 3/4작은술
후추 조금

만드는 법

1. 질냄비에 기름을 두르고 달궈지면 중간 불에서 **A**를 충분히 볶는다. 양고기를 추가해서 다시 5분간 볶는다.
2. 쌀을 넣고 저어가며 5분간 볶는다. 물을 붓고 저으면서 다시 5분간 끓인다.
3. 뚜껑을 닫고 약한 불에 15분 뜸을 들인다.

Advice > 파에야처럼 쌀부터 볶긴 하지만 조리법이 정말 간단하니 도전해보세요.

요술 상자 같아!

모로코

닭고기 타진 스튜
치킨 타진 Chicken tajine

끝이 뾰족한 원뿔 모자같이 생긴 타진 냄비에 끓인 스튜 요리.
거의 식재료에서 나오는 수분으로 찌는 것이어서 폭신폭신 부드럽게 완성됩니다.

50 min

116 — 196

재료(2인분)

A 마늘 1쪽(다지기)
양파 1/2개(잘게 다지기)
터메릭 1작은술
닭다리살 300g(한입 크기로 썰기)
올리브오일 3큰술
B 병아리콩 50g(삶은 통조림)
물 1/4컵(50mL)
소금 3/4 작은술
얇게 저민 아몬드 20g

만드는 법

1. 타진 냄비에 기름을 두르고 달궈지면 중간 불에서 **A**를 충분히 볶는다. 닭고기를 추가해 표면이 흰색이 될 때까지 볶는다.
2. **B**를 넣고 뚜껑을 닫은 다음 약한 불에서 30분간 삶는다.
3. 프라이팬이 달궈지면 아몬드를 넣고 약한 불에서 노릇노릇하게 볶는다. **2**의 위에 뿌린다.

Advice 타진 냄비가 없으면 질그릇이나 일반 냄비도 OK! 양고기나 소고기로 요리해도 맛있게 완성됩니다.

소고기와 계절 채소를 넣은 포토푀*

코트디부아르

> 소스 클레르 Sauce clair <

채소를 듬뿍 넣고 끓인 포토푀 같은 요리.
서아프리카에서 '소스'는 '스튜 요리'이고, '클레르'는 '맑다'는 의미입니다.

70 min

117 / 196

재료(2인분)

- **A** 소고기 사태살 50g
  물 2컵(400mL)
- 양파 1/2개(얇게 썰기)
- 올리브오일 1큰술
- **B** 양배추 1/8포기(큼직하게 썰기)
  만가닥버섯 1/2팩(찢어 놓기)
  가지 1/2개(은행잎 썰기)
  당근 1/2개(은행잎 썰기)
  병아리콩 50g(삶은 통조림)
  토마토 펄프 통조림 1/2캔
- 소금 1/2작은술
- 후추 조금

만드는 법

1. 냄비에 **A**를 넣고 한소끔 끓인다. 거품을 없앤 다음 약한 불에서 다시 30분간 삶는다. 일단 고기를 꺼내 잘게 잘라 둔다.
2. 냄비에 기름을 두르고 달궈지면 중간 불에서 양파를 충분히 볶는다. 1을 삶았던 물과 함께 붓고 한소끔 끓인다.
3. **B**를 넣고 다시 한소끔 끓인다. 거품을 제거하고 약한 불에서 다시 30분간 끓인다. 소금·후추로 간을 맞춘다.

* 포토푀pot-au-feu: 소고기, 채소, 부케가르니를 물에 넣고 약한 불에서 장시간 고아 만든 프랑스 스튜 요리

Advice > 프랑스령이었기 때문에 빵과 함께 먹기도 합니다. 현지에서 배운 대로 먹어봅시다.

아프리카의 엄마 손맛

베냉

오크라 소스를 넣은 새우찜
소스 곰보 Sauce gombo

새우와 오크라 스튜 요리.
멸치 가루가 숨은 맛의 비결입니다.

⏰ 40 min

재료(2인분)
작은 새우 4마리, 양파 1/2개(잘게 다지기)
오크라 8개(통썰기), 팜유(또는 올리브오일) 4큰술
A 카엔페퍼 1/2작은술
　소금 1작은술
　마른 멸치 4개(가루 내기)

만드는 법
1. 새우에 소금을 약간 뿌려서 프라이팬에 살짝 노릇노릇하게 굽는다.
2. 냄비에 두른 기름이 달궈지면 중간 불에서 양파를 충분히 볶는다. 오크라를 넣고 2분 정도 볶는다.
3. 1과 2와 **A**를 모두 넣고 약한 불에서 20분간 끓인다.

술술 넘어가네

카메룬

오크라 소스를 넣은 흰 살 생선 조림
피시 위드 곰보 소스 Fish with gombo sauce

흰 살 생선과 오크라를 넣고 끓인 요리.
밥과의 궁합이 환상.

⏰ 50 min

재료(2인분)
A 다진 마늘 1/2작은술, 다진 생강 1/2작은술
　오크라 8개(통썰기), 양파 1/2개(통썰기)
올리브오일 3큰술
흰 살 생선(대구나 도미) 2토막(한입 크기로 썰기)
B 토마토 펄프 통조림 1/2캔
　물 1/2컵(100mL)
　소금 3/4작은술

만드는 법
1. 냄비에 기름을 두르고 달궈지면 중간 불에서 **A**를 충분히 볶는다.
2. 생선을 5분간 볶는다.
3. **B**를 넣고 한소끔 끓인다. 거품을 없애고 약한 불에서 30분간 다시 끓인다.

팜유를 사용하면 현지풍.
감칠맛이 완전히 달라집니다.

30 min

120 / 196

재료(2인분)

A 마늘 1쪽(다지기), 양파 1개(잘게 다지기)
  피망 2개(채썰기)
팜유(또는 올리브오일) 4큰술
닭다리살 1덩어리(한입 크기로 썰기)
B 오크라 4개(2등분하기), 토마토 펄프 통조림 1/2캔
  물 1/2컵(100mL), 타임 1/2작은술
소금 1/2작은술, 후추 1/4작은술

만드는 법

1 냄비에 기름을 두르고 달궈지면 중간 불에서 A를 충분히 볶는다. 닭고기를 넣고 색이 변할 때까지 볶는다.

2 B를 넣어 한소끔 끓인다. 거품을 없애고 약한 불에서 수분이 2/3로 줄어들 때까지 끓인다. 소금·후추로 간을 맞춘다.

앙골라

채소를 듬뿍 넣은 닭고기 스튜
무암바 Muamba

포르투갈의 영향을 받아
매운맛이 나는 것이 특징.

30 min

121 / 196

재료(2인분)

A 마늘 1/2쪽(다지기)
  양파 1/2개(얇게 썰기)
올리브오일 1큰술
닭다리살 1덩어리(한입 크기로 썰기)
오크라 4개(통썰기)
B 카옌페퍼 1/2작은술
  소금 1/2작은술
  후추 조금

만드는 법

1 프라이팬에 기름을 두르고 달궈지면 중간 불에서 A를 충분히 볶는다. 닭고기를 추가해 골고루 익으면 오크라를 넣고 5분 정도 다시 볶는다.

2 B를 넣고 한소끔 끓인다. 거품을 없애고 약한 불에서 20분간 끓인다.

상투메 프린시페

톡 쏘는 매운맛의 닭고기 스튜
프랑고 Frango

도미밥만큼이나 맛있다

누룽지마저 맛있는 생선 영양밥

감비아

❋ 체부젠 Thieboudienne ❋

드넓은 감비아 강에서 잡아 올린 생선을 사용해 짓는 영양밥.
생선을 구워서 넣고 밥을 짓는 방식은 도미밥과 동일해요. 반찬이 필요 없을 정도로 맛있습니다.

재료(2인분)

생선(삼치나 도미) 4토막
샐러드오일 50mL
A 양배추 1/8개(큼직하게 썰기)
  당근 1/2개(골패 썰기)
B 양파 1/2개(잘게 다지기)
  토마토 1/2개(깍둑썰기)
  토마토퓌레 30mL(2큰술)
쌀 180mL(씻어 두기)
C 물 1컵(200mL)
  소금 1/2작은술
  후추 조금

만드는 법

1 냄비에 두른 기름이 달궈지면 생선을 180도에서 바삭하게 구워서 일단 꺼내 둔다. A를 넣고 충분히 볶은 다음 꺼내 둔다.

2 같은 냄비에 B를 넣고 중간 불에서 5분간 볶는다. 쌀을 붓고 3분간 볶는다. C를 넣고 저어가며 약한 불에 5분간 끓인다.

3 1을 밥 위에 얹은 다음 뚜껑을 닫고 약한 불에서 15분간 밥을 짓는다.

요리로 보는 세계 11

전 세계인이 좋아하는 아프리카 요리

팔레르모에서 세계 요리를 제공하던 당시 이 체부젠 요리를 내가면 "아프리카에서도 쌀을 먹네요"라며 손님들이 종종 놀라워했습니다.

아프리카라면 보통 스튜 요리나 고구마 같은 음식을 먹는다고 생각하기 쉬운데, 아프리카에서도 체부젠이나 졸로프 라이스(164p) 같은 영양밥을 많이 즐겨 먹습니다. 물론 벼농사도 지어서 우기가 되면 감비아 하천 지역은 전원 풍경이 넓게 펼쳐집니다. 논이 꽉 들어찬 경치를 꼭 한번 보고 싶습니다.

해안에 위치하기 때문인지 "감비아 요리는 일본 사람의 입맛에 맞는다"고 하며 풍미를 살리는 기술을 구사합니다. 단순히 쌀과 생선을 넣고 끓이기만 하는 것이 아니라, 먼저 신선한 생선을 노릇노릇하게 구워낸 다음 쌀에 넣고 밥을 지어서 풍미를 한층 끌어올립니다. 그런 풍미가 밥에 스며들어 맛있습니다. 사용하는 재료는 달라도 만드는 법은 도미밥과 똑같습니다. 바다에 접한 나라답게 생선을 다루는 솜씨가 뛰어납니다.

아프리카 요리는 유럽에 비교하면 단순하지만, 흥미롭게도 풍미나 재료 맛을 잘 살려내는 특징이 있어 "세상에나!" 하고 감탄하게 됩니다. 꼭 한번 드셔보세요. 분명 그 맛에 깜짝 놀랄 것입니다.

Advice 〉 생선을 구울 때는 바싹 익혀서 생선 육즙이 비리지 않게 해주세요.

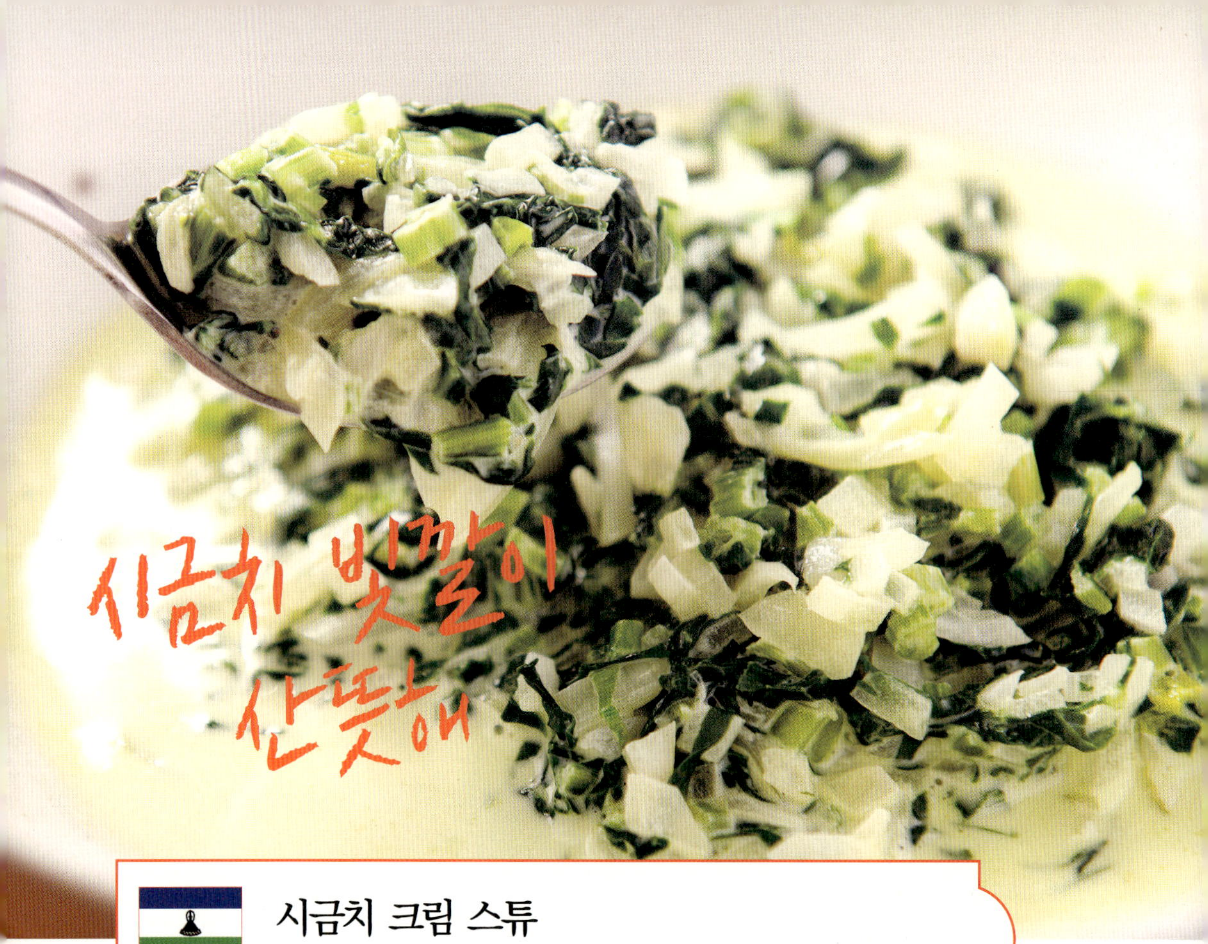

시금치 크림 스튜

레소토

스피니치 Spinach

시금치 빛깔이 산뜻한 크림 스튜. 다진 채소가 사각거리는 신선한 식감. 은근히 단맛이 느껴집니다.

재료(2인분)

A 양파 1/2개(다지기)
   시금치 1단(다지기)
올리브오일 1큰술
소금 1/2작은술
후추 조금
생크림 1/2컵(100mL)

만드는 법

1 프라이팬에 기름을 두르고 달궈지면 A를 넣고 소금·후추를 뿌려 강한 불에서 충분히 볶아준다.(채소에서 나오는 수분은 버린다)
2 생크림을 넣고 중간 불에서 10분 정도 걸쭉해지게 졸인다.

Advice 채소에서 수분이 나오면 싱거워지니까 잊지 말고 수분을 버려주세요.

시나몬 향이 은은한 시금치 스튜

라이베리아 · 스피니치 Spinach ·

'스피니치'는 '시금치'라는 뜻. 담백한 국물에 시나몬 향이 배어 있습니다.
아삭아삭한 건더기가 듬뿍 들어 있는 국물 요리입니다.

30 min

124 / 196

재료(2인분)

양파 1/2(다지기)
올리브오일 3큰술
얇게 저민 소고기 200g(2cm 폭으로 썰기)
A 시금치 1단(채썰기)
　부용 1/2컵(50mL)
　시나몬 1/4작은술
　소금 1/2작은술
　흑후추 1/2작은술

만드는 법

1 냄비에 기름을 두르고 달궈지면 중간 불에서 양파를 충분히 볶는다. 소고기를 넣고 노릇노릇하게 굽는다.
2 A를 추가해 약한 불에서 15분간 끓인다.

Advice 〉 맑은 국물을 내려면 거품이 생길 때마다 바로바로 제거합니다.

반가워요, 서아프리카

생선튀김 토마토소스

기니

🍴 프라이드 피시 위드 토마토소스 Fried fish with tomato sauce 🍴

바다에 접한 기니에서는 풍부한 어종이 잡힙니다. 그래서 생선 요리도 인기입니다.
생선튀김에 토마토의 산미가 맛있게 어우러진 요리.

30 min

125 / 196

재료(2인분)

흰 살 생선(대구나 농어) 4토막(한입 크기로 썰기)
올리브오일 3큰술
양파 1/2개(얇게 썰기)
토마토 펄프 통조림 1/2캔
소금 1/2작은술
삶은 감자 1개(대강 썰기)
물 1/2컵(100mL)

만드는 법

1 냄비에 기름을 두르고 달궈지면 중간 불에서 생선을 굽는다. 양면이 노릇노릇해지면 일단 꺼내 둔다.

2 같은 냄비에 양파를 넣고 중간 불에서 충분히 볶는다. 토마토 펄프와 소금을 추가하고 중간 불에서 5분간 끓인다.

3 1과 2, 감자, 물을 넣고 한소끔 끓인다. 거품을 제거하고 약한 불에서 다시 10분간 끓인다.

등푸른생선으로 요리하는 경우는 오레가노나 바질을 넣으면 비린내가 사라집니다. ❮ Advice

상큼한 머스터드 닭고기 스튜

말리

치킨 야사 Chicken yassa

채소와 닭고기에 머스터드를 넣고 끓인 요리. 매운맛과 산미가 밥에 아주 잘 어울립니다.
'야사'는 현지어로 '양파소스'를 말합니다.

70 min

126 / 196

재료(2인분)

닭다리살 1덩어리(한입 크기로 썰기)
올리브오일 1큰술
양파 1/2개(잘게 다지기)
A 감자 1개(얇게 썰기)
　　당근 1/2개(반달썰기)
물 1컵(200mL)
B 머스터드 3큰술
　　콩소메(과립형) 2작은술
레몬즙 1작은술
소금·후추 조금

만드는 법

1 프라이팬에 기름을 두르고 달궈지면 강한 불에서 닭고기를 껍질부터 앞뒤 표면이 바삭해지도록 구운 다음 꺼내 둔다.

2 같은 프라이팬에 양파를 넣고 중간 불에서 투명해지게 볶는다. A를 마저 넣고 재빨리 볶는다.

3 닭고기를 다시 넣고 물을 부은 다음 중간 불에서 30분간 끓인다. B를 추가하고 거품을 제거한 다음 다시 약한 불에서 30분 끓인다. 레몬즙을 뿌리고 소금·후추로 간을 맞춘다.(걸쭉한 농도는 물로 조정.)

Advice 〉 닭고기는 끓일 것이기 때문에 처음에 구울 때 표면이 타도 괜찮습니다.

육즙이 가득해요!

속에 고기와 밥을 채운 피망 요리

남수단

마시 Mahshi

속에 고기를 채운 남수단 편 요리입니다.
다진 고기에 쌀을 섞는 것이 특징인데 식감이 적당히 촉촉해서 먹기 좋습니다.

40 min

재료(2인분)

피망 4개
A   다진 고기 300g
    양파 1/4개(다지기)
    쌀 30g
    소금 1/2작은술
    후추 조금

만드는 법

1. 피망 꼭지를 따서 씨를 없앤다.(균열이 생기지 않도록 조심.)
2. 그릇에 **A**를 넣고 잘 섞는다.
3. **1**에 **2**를 채워서 200도 오븐에 30분간 굽는다.

〈 Advice 〉 다진 고기에 쌀을 섞는 것은 쌀을 채소로 보는 발상입니다.

카레 맛 닭튀김!

인도 이민자의 프라이드치킨

짐바브웨 ≋ 아후리 ≋

카레 맛 닭튀김에 레몬소스를 뿌린 요리. 새콤하면서 매콤한 소스에 몹시 군침이 돕니다.
밥이나 술, 어느 것에도 아주 잘 어울립니다.

35 min

001 / 196

재료(2인분)

A 닭다리살 200g (한입 크기로 썰기)
　　토마토 1/4개 (깍둑썰기)
　　다진 마늘 1/2작은술
　　카레 가루 1작은술
　　소금 1/2작은술

B 레몬즙 1큰술
　　칠리 가루 1/2작은술
　　설탕 1/2작은술
　　소금 1/2작은술

만드는 법

1. 그릇에 **A**를 넣고 잘 버무린 뒤 냉장고에 2시간 숙성시킨다.
2. 230도 오븐에서 15분간 굽는다.
3. **B**를 한데 섞어 소스를 만든 다음 **2**에 뿌린다.

Advice 〉 인도 이민자가 많은 짐바브웨에서는 보통 향신료를 많이 사용합니다.

르완다

달콤 짭조름한 강낭콩 페이스트
이기헨베 Igihenbe

강낭콩의 달콤한 향이 나는 페이스트.
짭조름한 맛이 있어서 빵에 발라도, 샐러드에 넣어도, 고기 요리에 곁들여도 잘 어울립니다.

50 min

재료(2인분)
강낭콩 120g(물 500mL에 하룻밤 담가 두기)
양파 1/2개(잘게 다지기)
버터 1작은술(4g)
A 토마토 페이스트(시판용) 1큰술
    소금 1작은술

만드는 법
1 콩을 불렸던 물과 함께 냄비에 붓고 중간 불에서 30분간 말랑말랑하게 삶는다.
2 다른 냄비에 버터를 녹인 다음 중간 불에 양파를 충분히 볶는다. 1과 콩을 삶은 육수 50mL와 A를 넣고 약한 불에서 10분간 끓인다.
3 2를 믹서에 갈아서 페이스트 상태로 만든다.

Advice 〉 빵에 바르거나 샐러드에 곁들여도 OK. 어떤 재료에도 잘 어울리는 페이스트입니다.

모리셔스

토마토 양파 디핑소스
루가이 드 토마토 Rougail de tomates

이탈리아 요리처럼 상큼한 토마토소스. 빵에 바르거나 그대로 토스트를 만들어 먹어도 좋습니다.
고기나 생선에 함께 넣고 끓여도 맛있어요.

40 min

재료(2인분)
A 마늘 1쪽(다지기)
   양파 1/2개(다지기)
올리브오일 1작은술
B 토마토 펄프 통조림 1/2캔
   타임 1/2작은술
   소금 1작은술
   후추 1/2작은술

만드는 법
1 냄비에 기름을 두르고 달궈지면 A를 넣고 중간 불에서 충분히 볶아준다.
2 B를 추가해 약한 불에서 30분간 끓인다.

Advice 〉 감칠맛이 부족한 것 같으면 올리브오일을 추가해보세요.

고구마와 바나나 코코넛밀크 조림

세이셸 · 라돕 Ladob

동아프리카 먼 바다인 인도양 섬나라의 레시피.
설탕을 사용하지 않고 재료만으로 달콤한 맛을 낸 건강한 요리입니다.

15 min
131 — 196

재료(2인분)

고구마 1개(1cm 두께로 통썰기)
바나나 1개(대강 썰기)
코코넛밀크 2컵(400mL)

만드는 법

1 냄비에 재료를 모두 넣고 중간 불에서 10분간 끓인다.

〈 Advice 마지막에 럼에 졸인 건포도를 넣고 차갑게해서 먹어도 맛있습니다.

요리용 바나나 스튜

적도기니

플랜틴 바나나 앤 스튜 Plantain banana & stew

튀김 요리용 바나나를 사용한 스튜. 감자 같아서 스튜 요리에 잘 어울립니다.
단맛도 거의 없어 채소 같습니다.

90 min

재료(2인분)

소고기 사태살 100g(깍둑썰기)
A 다진 마늘 1/2작은술
　　양파 1/2개(얇게 썰기)
올리브오일 2큰술
B 토마토 펄프 통조림 1/2캔
　　물 1/4컵(50mL)
　　소금 1작은술
플랜틴 바나나 1개(한입 크기로 썰기)

만드는 법

1. 냄비에 소고기와 물(적당량)을 넣고 한소끔 끓인다. 거품을 제거하고 약한 불에서 30분간 삶는다.
2. 냄비에 기름을 두르고 달궈지면 중간 불에서 **A**를 충분히 볶는다. **1**과 **B**를 넣고 한소끔 끓인다. 거품을 제거하고 약한 불에서 30분간 끓인다.
3. 180도 기름에 플랜틴 바나나를 5분간 튀긴다. **2**에 바나나를 추가하여 약한 불에서 다시 5분간 끓인다.

Advice > 달지 않은 플랜틴 바나나는 수입 농산물을 취급하는 대형 마트나 인터넷을 통해서 구매할 수 있습니다.

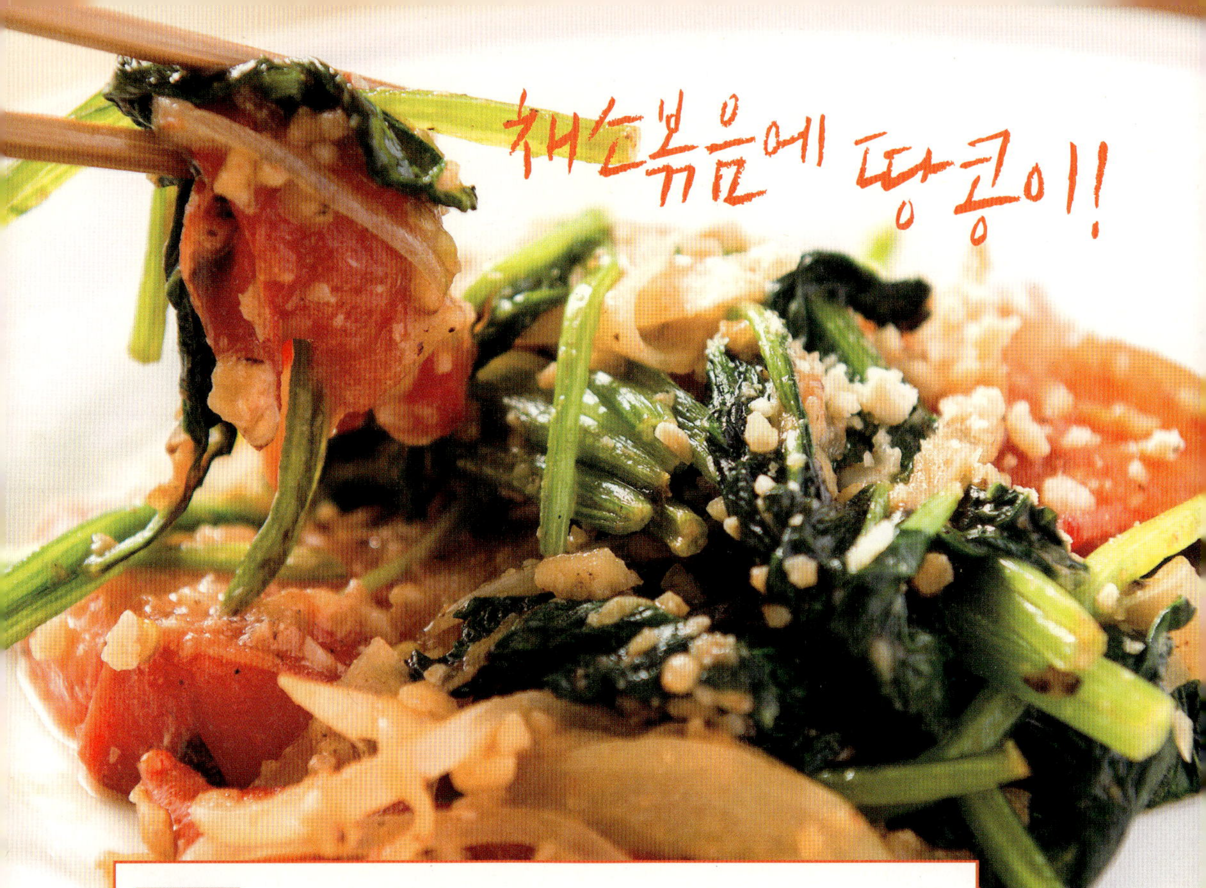

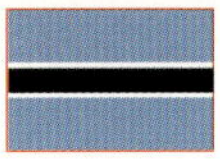

시금치 땅콩 볶음

보츠와나

스피니치 위드 그라운드너츠 Spinach with groundnuts

집에 땅콩이 남아 있으면 요리에 사용해봅시다.
오도독오도독 씹히는 땅콩의 식감과 고소함이 특징인 간단한 볶음 요리입니다.

재료(2인분)

양파 1/2개(얇게 썰기)
올리브오일 1큰술
A 토마토 1/2개(얇게 썰기)
  시금치 1단(큼직하게 썰기)
땅콩 50g
소금 1/2작은술
흑후추 조금

만드는 법

1. 프라이팬에 기름을 두르고 달궈지면 중간 불에서 양파를 충분히 볶는다. **A**를 추가해 2분 정도 볶는다.
2. 믹서에 간 땅콩을 넣은 다음 소금·후추를 뿌리고 3분간 볶는다.

Advice 땅콩 볶음은 닭고기와도 잘 어울리고 또한 메인 반찬으로도 OK.

양념은 오직 카레 가루뿐

말라위

카레 향의 간단한 채소볶음
🥢 **카레 캐비지** Curry cabbage 🥢

카레로 볶기만 했다고는 상상할 수 없는 아삭아삭하고 맛있는 채소볶음.
토마토를 넣는 것이 포인트입니다.

⏰ 15 min

재료(2인분)

양파 1/2개(얇게 썰기)
샐러드오일 2큰술
A 양배추 1/4개(큼직하게 썰기)
　　토마토 1/2개(십자썰기)
　　당근 1/2개(통썰기)
　　피망 1개(채썰기)
　　카레 가루 1작은술
　　소금·후추 조금

만드는 법

1 프라이팬에 기름을 두르고 달궈지면 양파를 중간 불에서 투명해질 때까지 볶는다.

2 **A**를 추가해 강한 불에서 5분 정도 볶는다.(양배추 식감이 살아 있을 정도)

Advice 〉 간단한 카레 볶음이어서 냉장고에 남은 재료로도 만들 수 있습니다.

얇게 썬 감자와 다진 고기 조림

소말리아

✦ 수카르 Suqaar ✦

밥과 잘 어울리는 아프리카식 고기감자조림. 대표적인 서민의 반찬입니다.
이탈리아 통치 시대의 영향이 남아서 파스타와 함께 먹기도 해요.

30 min

135 — 196

재료(2인분)

양파 1/2개(얇게 썰기)
올리브오일 1큰술
다진 고기 200g
A 감자 1개(얇게 썰기)
　 토마토 펄프 통조림 1/2캔
B 타임 1/4작은술
　 소금 1작은술
　 후추 조금

만드는 법

1. 프라이팬에 기름을 두르고 달궈지면 중간 불에서 양파를 충분히 볶는다. 다진 고기를 넣고 색이 변할 때까지 볶는다.
2. **A**를 넣고 한소끔 끓인 다음 **B**를 추가한다. 중간 불에서 15분, 감자가 익을 때까지 끓인다.

> 감자와 고기를 볶는 음식 문화는 전 세계에 퍼져 있습니다. 환상의 궁합이에요. 〈 **Advice**

감자가 맛있어요

은은한 카레 향의 채소 조림
에리트레아 · 알리차 Alicha

은은한 카레 풍미로 채소의 단맛을 끌어낸 요리.
채소를 많이 섭취할 수 있는 요리니 여러분의 식탁에도 자주 올려보세요.

40 min
136 / 196

재료(2인분)

- **A** 마늘 1/2쪽(다지기)
  양파 1/2개(얇게 썰기)
- 올리브오일 3큰술
- 얇게 저며 놓은 소고기 100g(5mm 폭으로 썰기)
- **B** 강낭콩 4개(이등분하기)
  감자 1개(막대 썰기)
  당근 1/2개(은행잎 썰기)
- **C** 커민 1/2작은술
  코리앤더 1/2작은술
  소금 1작은술
  후추 조금

만드는 법

1. 냄비에 기름을 두르고 달궈지면 중간 불에서 **A**를 말랑해지도록 볶는다. 소고기를 넣고 색이 변할 때까지 볶는다. **B**를 마저 넣고 충분히 볶는다.
2. **C**를 추가해서 약한 불에 15분, 감자가 익을 때까지 끓인다.

Advice 〉 간이 약하면 소금이나 향신료를 넣어 적절히 맞춰보세요.

푹 끓여서 소스가 고기에 완전히 녹아든 상태가 현지 스타일.

재료(2인분)

A 다진 마늘 1/2작은술
　양파 1/2개(얇게 썰기)
올리브오일 2큰술
소고기 사태살 100g(채썰기)
B 토마토 펄프 통조림 1/2캔
　물 1/4컵(50mL)
　소금 1작은술

만드는 법

1 냄비에 기름을 두르고 달궈지면 중간 불에서 A를 충분히 볶는다. 소고기를 추가해서 색이 변할 때까지 볶는다.

2 B를 넣고 끓어오르면 아주 약한 불에서 다시 1시간 끓인다.

차드
중부아프리카의 비프 스튜
비프 스튜 Beef stew

바오바브나무가 유명한 아프리카 섬나라의 스튜.

재료(2인분)

돼지고기(돈가스용) 2덩어리(8등분하기)
올리브오일 2큰술
A 양파 1/2개(얇게 썰기), 시금치 1/2단(채썰기)
B 토마토 펄프 통조림 1/2캔
　소금 1/2작은술, 후추 조금

만드는 법

1 프라이팬에 기름을 두르고 달궈지면 중간 불에서 돼지고기를 노릇노릇하게 볶아 일단 꺼내 둔다.

2 같은 프라이팬에 A를 넣고 중간 불에서 양파를 갈색이 돌도록 볶는다.

3 1을 다시 넣고 B를 추가해 한소끔 끓인다. 거품을 제거하고 약한 불에서 다시 30분간 끓인다.

마다가스카르
돼지고기 토마토 스튜
루마자바 Romazava

서아프리카의 가정 요리.
냄새가 구수한 스튜입니다.

60 min

139 / 196

재료(2인분)

A 마늘 1/2쪽(다지기), 양파 1/2개(잘게 다지기)
닭다리살 1덩어리(2cm 두께로 깍둑썰기)
올리브오일 1큰술
B 토마토 펄프 통조림 1/2캔, 물 1/2컵(100mL)
땅콩버터 1큰술, 카옌페퍼 1/4작은술
소금 1/2작은술, 후추 조금

만드는 법

1 냄비에 기름을 두르고 달궈지면 중간 불에서 A를 충분히 볶는다. 닭고기를 추가해 표면이 하얗게 될 때까지 볶는다.
2 B를 넣고 한소끔 끓인다. 거품을 제거하고 약한 불에서 40분간 끓인다.

세네갈

닭고기 땅콩소스 스튜
❖ 마페 Mafe ❖

닭고기, 마늘, 병아리콩, 소금은 황금 소합.
맛있습니다.

40 min

140 / 196

재료(2인분)

닭다리살 2덩어리(한입 크기로 썰기)
마늘 2쪽(다지기)
올리브오일 3큰술
A 병아리콩(삶은 통조림) 100g, 물 1/2컵(50mL)
카옌페퍼 1/2작은술, 파프리카 파우더 1큰술
소금 1작은술, 흑후추 1/2작은술

만드는 법

1 닭고기에 소금(적당량)을 뿌린다.
2 다른 냄비에 기름을 두르고 달궈지면 중간 불에서 마늘을 볶다가 향이 충분히 배어 나오면 닭고기를 넣고 노릇노릇하게 굽는다.
3 A를 넣고 약한 불에서 20분간 끓인다.

알제리

병아리콩을 넣은 빨간 닭고기 스튜
❖ 쉬티트하 저지 Chtit'ha Djedj ❖

오븐에 구운 소고기 치즈 달걀 파이

튀니지  타진 Tajine

프랑스의 키슈*와 비슷한 달걀 요리. 볶은 재료를 치즈와 달걀에 섞어서 오븐에 구워냅니다.
폭삭폭삭한 식감과 치즈 향이 식욕을 강하게 자극합니다.

60 min

재료(2인분)

A 마늘 1/2쪽(다지기)
  양파 1/2개(다지기)
올리브오일 1큰술
다진 소고기 50g
B 삶은 감자 1개(깍둑썰기)
  토마토 1/4개(깍둑썰기)
C 달걀 4개
  파르메산 치즈 50g
버터 1큰술(12g)

만드는 법

1 프라이팬에 기름을 두르고 뜨거워지면 중간 불에서 **A**를 충분히 볶는다. 다진 고기를 넣고 5분 정도 볶는다. **B**를 추가해 다시 5분간 볶는다.

2 그릇에 **C**를 넣고 섞는다. **1**을 추가해 함께 섞는다.

3 내열용 그릇에 버터를 바른 뒤 **2**를 담아서 180도 오븐에서 30분간 굽는다.

* 키슈 Quiche: 프랑스의 대표적인 달걀 요리로 페이스트리 반죽에 달걀, 크림, 베이컨 등을 채워서 구워낸 타르트 모양의 파이.

Advice 치즈는 아낌없이 듬뿍 넣어주세요.

폭삭폭삭하고
귀여워

붉은 렌틸콩으로 만든 귀여운 크로켓
바지야 Bhajiya

지부티

곱게 간 콩을 튀겨낸 소박한 맛의 크로켓.
이슬람교도가 라마단 기간 동안 야식으로 먹는 요리입니다.

50 min

142 / 196

재료(2인분)

붉은 렌틸콩(또는 잠두) 200g(3시간 물에 담가 두기)

A 양파 1/2개(다지기)
    마늘 1쪽(다지기)
    고수풀 1줄기(다지기)
    밀가루 3큰술
    소금 1작은술
    후추 조금

만드는 법

1 콩을 불렸던 물과 함께 냄비에 붓고 중간 불에서 20분간 익을 때까지 끓인다.

2 1을 체에 밭쳐서 흐르는 물에 식힌 다음 물기를 제거한다. 믹서에 갈아 페이스트 상태로 만든다.

3 그릇에 2와 A를 넣고 잘 섞은 다음 한입 크기로 동그랗게 만든다.

4 180도 기름에서 6분 정도 튀긴다.

Advice > 붉은 렌틸콩은 대형 마트에서 구매할 수 있습니다.

에티오피아  달걀을 통째로 넣은 매운 카레
도로 와트 Doro wat

아주 매운 에티오피아 카레 요리를 대중적인 맛으로 변형.
현지어로 '도로'는 '닭고기'이고, '와트'는 '카레 요리'라는 뜻.

재료(2인분)

닭다리살 2덩어리(한입 크기로 썰기)
레몬즙 1큰술
A 마늘 1쪽(다지기), 생강 1쪽(다지기)
   양파 1/2개(다지기)
B 카더몬 1/2작은술
   육두구(너트맥) 1/2작은술
   파프리카 파우더 1작은술
   후추 1/2작은술
C 토마토 펄프 통조림 1/2캔
   물 1/2컵(50mL)
소금 1작은술
삶은 달걀 2개

만드는 법

1 닭고기에 레몬즙과 소금(적당량)을 넣고 잘 버무려서 상온에 30분간 둔다.
2 냄비에 A를 넣고 중간 불에서 충분히 볶는다. B를 추가해 향이 배어 나오면 1과 C를 넣고 골고루 저어가며 묻혀준다.
3 뚜껑을 닫고 약한 불에서 30분간 끓인다.
4 소금으로 간을 한 다음 삶은 달걀을 넣고 다시 10분간 끓인다.

요리로 보는 세계 12

신기한 나라의 특이한 요리

에티오피아 하면 커피콩? 아니면 마라톤 선수? 최근 에티오피아를 보도하는 뉴스는 분쟁이나 난민이라는 글자가 눈에 띄지만, 사실 에티오피아는 아주 재미있는 나라입니다. 에티오피아 국토의 대부분은 고원으로 이루어져 있습니다. 거기서 커피콩 재배가 가능하여 고급 원두를 생산합니다. 게다가 일상이 고지대 훈련과 맞먹는 생활이다 보니 마라톤 선수도 많이 배출합니다.

무엇보다 에티오피아는 아프리카에서도 유일하게 다른 나라의 식민지를 겪지 않고 독립을 유지해 온 나라입니다. 그러다 보니 독자 문화가 발달하여 믿기 어려운 일도 존재합니다. 예를 들어 에티오피아의 달력은 1년이 13개월이고, 표준시간이 다른 국가와 6시간 차이가 납니다. "어떻게 생활하지?" 하고 놀라겠지만 그것이 이 나라의 표준입니다.

음식도 남달리 특이한 종류가 많은 에티오피아. 주식으로 먹는데도 굉장히 시큼한 맛이 나는 크레이프인 '인제라Injera', 또 가짜 바나나로도 불리는 '엔세테Ensete' 식물로 만든 쫄깃쫄깃한 빵 등 다른 나라에서는 한번도 본 적이 없는 요리를 먹습니다. 이것 역시 어딘가의 지배를 받지 않아서 생긴 독특한 문화겠지요.

Advice 〉현지에서는 상당히 매운 카레. 매울수록 맛있으니 적당히 조절해서 드세요.

갈아서 얹은 마 같아요

오크라와 땅콩으로 만든 소스
기니비사우 — 피넛 소스 Peanuts sauce

기니비사우에서는 땅콩소스를 밥 위에 얹어 먹습니다.
일본에서 간 참마를 얹어 먹는 것과 비슷한 느낌이랄까.

35 min

재료(2인분)

A 오크라 10개(통썰기)
　　양파 1/2개(얇게 썰기)
올리브오일 1큰술
물 2컵(400mL)
B 땅콩버터 3큰술
　　소금 1/2작은술

만드는 법

1. 냄비에 기름을 두르고 달궈지면 **A**를 중간 불에서 충분히 볶는다. 물을 붓고 한소끔 끓인다. 거품을 제거한 다음 **B**를 추가해 약한 불에서 20분간 끓인다.
2. 불을 끄고 열을 식힌 다음 믹서에 간다.
3. 다시 냄비에 옮겨 담고 중간 불에서 5분간 가열한다.

〈 Advice 〉 땅콩과 오크라 둘 다 영양이 풍부해요. 밥에 얹어서 많이 드세요.

자극적이지 않아요

리비아 🇱🇾
라마단이 끝나는 날 먹는 가지 참깨 페이스트
바바 가누쉬 Baba ghanoush

전채 요리로 자주 나오는 가지 페이스트입니다. 구운 가지의 풍미가 입맛을 확 당깁니다.
차게 만든 소스여서 빵과 같이 먹는 것을 추천합니다.

20 min

145 — 196

재료(2인분)

가지 1개
A 다진 마늘 1/2작은술
   네리고마* 1큰술
   레몬즙 2작은술
   커민 1작은술
   소금 1작은술
올리브오일 1큰술

만드는 법

1. 생선구이용 그릴에 가지를 껍질째 굽는다. 새까맣게 구워서 검게 눌어붙게 만든다.
2. 껍질을 벗겨 열을 식힌 다음 칼로 곱게 다져서 으깬 것처럼 만든다.
3. 그릇에 2와 A를 넣고 잘 섞는다. 올리브오일을 두른다.

* 네리고마: 참깨만 갈아서 만든 액상 참깨소스

Advice 〉 장에 자극적이지 않아서 금식하는 라마단 기간이 끝나면 각 가정에서 만들어 먹는 메뉴입니다.

육지의 파에야 같아요

시에라리온
닭고기와 토마토를 넣고 지은 매콤한 영양밥
☙ 졸로프 라이스 Jollof rice ☙

서아시아에서 자주 먹는 영양밥. 한 번 구워낸 맛있는 닭봉 냄새가 코를 자극하며 맛있어요. 다른 고기로 바꿔서 요리하면 또 다른 맛을 즐길 수 있습니다.

50 min

재료(2인분)

당근 1/2개(다지기)
닭봉 4개
올리브오일 3큰술
양파 1/2개(다지기)
- **A** 파프리카 빨간색·노란색 각 1/4개(채썰기)
  피망 1/2개(채썰기)
- **B** 쌀 180mL(씻어 두기)
  카레 가루 1/2작은술
- **C** 토마토 펄프 통조림 1/4캔
  물 1컵(200mL)
  소금 3/4작은술

만드는 법

1. 질냄비에 기름을 두르고 달궈지면 중간 불에서 마늘을 볶는다. 향이 배어 나오면 닭봉을 넣고 노릇노릇하게 볶아서 일단 꺼내 둔다.
2. 같은 냄비에 양파를 넣고 중간 불에서 숨이 죽을 때까지 볶는다. **A**를 추가해 5분간 볶는다. **B**를 넣고 다시 5분간 볶는다.
3. **C**를 넣고 약한 불에서 저어가며 5분간 끓인다.
4. 다시 **1**을 넣고 뚜껑을 닫은 다음 15분간 끓인다.

❮ Advice 현지에서는 축제 기간에 먹는 다소 푸짐한 요리. 여럿이 함께 만들어 먹으면 맛있어요.

밥알이
따로따로

부르키나파소

태국쌀로 만드는 다진 소고기 밥
라이스 위드 민스드 비프 Rice with minced beef

서아프리카는 사실
쌀이 주식인 나라도 많아요.

40 min

147 — 196

재료(2인분)

마늘 1/2쪽(다지기)
올리브오일 2큰술
A 다진 소고기 100g
　　파프리카 빨간색·노란색 각 1/8개(다지기)
　　피망 1/2개(다지기)
태국쌀(또는 일반미) 180mL(씻어 두기)
B 물 200mL
　　소금 1작은술

만드는 법

1 프라이팬에 기름을 두르고 달궈지면 중간 불에서 마늘을 볶는다. 마늘 향이 배어 나오면 A를 넣고 색이 변할 때까지 볶는다.
2 쌀을 붓고 투명해지도록 볶는다.
3 B를 넣고 뚜껑을 닫은 다음 약한 불에서 15분간 밥을 짓는다.

Advice 〉일반미도 좋지만, 꼭 태국쌀로 요리해 보세요. 따로따로 흩어지는 밥알의 식감을 즐겨보세요.

독일이 점령하던 시절에 확산된
소시지와 맥주 문화입니다.

20 min

148 — 196

재료(2인분)

소시지 2개
감자 2개(막대 썰기)
소금 1작은술

만드는 법

1. 소시지를 약한 불에서 15분간 데친다.
2. 180도 기름에 감자를 3분간 튀긴 뒤 식는 동안 소금을 뿌려 둔다.
3. 소시지와 감자튀김을 보기 좋게 담는다.

나미비아

아프리카에서 만난 소시지와 감자튀김
소시지 & 칩스 Sausage & Chips

매운 요리가 많은 가나에서는
간식도 매워요.

10 min

149 — 196

재료(2인분)

A 잘 익은 바나나 4개
   달걀 푼 것 1/2개분
   다진 양파 1큰술
   다진 생강 1/2작은술
   밀가루 4큰술
   고춧가루 1/2작은술
땅콩 적당량

만드는 법

1. 그릇에 A를 넣고 으깨면서 섞는다.
2. 숟가락으로 떠서 180도 기름에 살짝 떨어뜨려 5분 정도 튀긴다.
3. 땅콩을 곁들인다.

가나

매운맛 바나나튀김
카크로 Kakro(Kaklo)

Advice 마구 저어서 튀기기만 하면 되는 아주 간단한 간식. 시나몬 가루를 뿌려도 맛있어요.

햄버그스테이크보다 간단해

남아프리카 공화국

손쉽게 만드는 육즙 가득한 미트로프
보보티 Bobotie

말린 과일을 섞은 카레 맛의 미트로프. 틀에 채워서 굽기만 하면 돼서 햄버그스테이크보다 만드는 법이 간단해요. 넘치는 육즙 자체가 최고의 소스가 됩니다.

70 min

150 / 196

재료(2인분)

- **A** 다진 마늘 1/2작은술
  다진 생강 1/2작은술
  양파 1/4개(다지기), 건포도 30g
- **B** 다진 고기 300g, 빵가루 30g, 우유 30g
  얇게 저민 아몬드 1작은술(빻기)
  카레 가루 1/2작은술
  터메릭 1/2작은술
  황설탕(또는 흑설탕) 1작은술
  소금·후추 1/2작은술
- 버터 1큰술(12g)
- 달걀 푼 것 2개분

만드는 법

1. 프라이팬에 버터를 녹인 다음 중간 불에서 **A**를 넣고 양파가 갈색이 될 때까지 볶는다. 그리고 식힌다.
2. 그릇에 **1**과 **B**를 넣고 잘 섞는다.
3. 내열용 그릇에 버터를 바르고 **2**를 꾹꾹 눌러가며 평평해지게 담는다.
4. 표면에 푼 달걀을 붓고 190도 오븐에서 40분간 굽는다.

Advice 〉 황설탕이 없으면 일반 설탕이나 흑설탕도 OK.

케냐

영양 만점! 케일 소고기 스튜
🌿 수쿠마 위키 나 냐마 야 은곰베 Sukuma wiki na nyama ya n'gombe 🌿

케일이 주재료인 영양 만점 스튜입니다.
끓이면 쓴맛이 완전히 사라져서 양배추나 배추처럼 마음껏 먹을 수 있습니다.

80 min

재료(2인분)

A 소고기 사태살 150g(깍둑썰기)
　물 1컵(200mL)
양파 1/2개(얇게 썰기)
올리브오일 2큰술
B 토마토 펄프 통조림 1/2캔
　카레 가루 1/2작은술
　소금 1작은술
케일 100g(채썰기)

만드는 법

1. 냄비에 **A**를 넣고 끓어오르면 거품을 없앤 다음 약한 불에서 40분간 삶는다.
2. 다른 냄비에 기름을 두르고 달궈지면 중간 불에서 양파를 충분히 볶는다. **B**와 **1**을 삶았던 물과 함께 붓고 중간 불에서 15분간 끓인다.
3. 케일을 넣고 약한 불에서 15분 정도 끓인다.

Advice 케일은 갈아서 녹즙으로 마신다는 이미지가 있는데, 열을 가해 익히면 쓴맛이 완전히 사라집니다.

*멜론 씨,
잘 둬야겠어!*

멜론씨 닭고기 스튜

나이지리아 ❋ 에구시 스튜 Egusi stew ❋

'에구시'는 현지의 박과 식물로 씨만 먹습니다.
가장 비슷한 종류로는 멜론 씨가 있습니다.

152 — 196

재료(2인분)

- **A** 닭다리살 1/2덩어리(2cm 두께로 깍둑썰기)
  물 1/2컵(100mL)
- **B** 멜론 씨 5큰술
  건새우 30g
  양파 1/2개(잘게 다지기)
  팜유(또는 올리브유) 3큰술
- **C** 토마토 펄프 통조림 1/2캔
  시금치 1/2단(채썰기)
  소금 1작은술

만드는 법

1. 냄비에 **A**를 넣고 끓어오르면 거품을 없앤 다음 약한 불에 10분간 삶는다.
2. **B**를 믹서에 넣고 갈아서 가루로 만든다.
3. 다른 냄비에 기름을 두르고 달궈지면 중간 불에서 양파를 충분히 볶는다.
4. **2**와 **C**, 그리고 **1**을 삶은 물과 함께 넣고 약한 불에서 30분간 끓인다.

Advice 〉 멜론씨는 판매하지 않으니 멜론의 씨를 건조해서 사용합니다.

담백한 생선구이 샐러드

중앙아프리카 공화국

피시 샐러드 Fish salad

구운 생선을 신선한 채소와 함께 마리네식 초절임 샐러드로 완성한 요리.
안 어울리는 조화인 줄 알았더니 아삭한 양파의 식감과 토마토 산미의 만남이 절묘합니다.

20 min

153 / 196

재료(2인분)

삼치 4토막
올리브오일 2큰술
A 양파 1/4개(얇게 썰기)
   토마토 1/2개(얇게 썰기)
   피망 1/2개(채썰기)
소금·후추 조금

만드는 법

1 삼치에 소금·후추(적당량)를 뿌린다. 프라이팬에 기름을 두르고 달궈지면 중간 불에서 삼치 앞뒤 표면을 5분씩 노릇노릇하게 굽는다.
2 접시에 보기 좋게 담아 A를 올린 다음 소금·후추를 뿌린다.

* 난반즈케: 튀긴 생선에 새콤달콤한 초간장을 끼얹어 먹는 일본 가정식. 포르투갈이나 스페인을 의미하는 난반에서 일본으로 넘어오면서 발전한 요리

삼치가 없으면 전갱이로 만들어도 맛있어요. 〈 Advice

이건,
미소시루를
능가할지도

탄자니아

어부의 고등어 수프
스프 야 사마키 Soup ya samaki

고등어를 아주 맛있게 먹을 수 있는 어부의 요리.
만드는 법도 간단하고 재료가 적게 들어가니 집에서 종종 만들어보세요.

40 min

154 — 196

재료(2인분)

고등어(전갱이) 4토막
A 양파 1/2개(얇게 썰기)
　 당근 1/2개(은행잎 썰기)
　 토마토 펄프 통조림 1/2캔
　 레몬 5mm 두께로 통썰기 한 것 2개(4등분하기)
소금 1작은술
후추 조금
물 적당량

만드는 법

1　냄비에 고등어를 펴서 깔고 **A**를 순서대로 올린 뒤 소금·후추를 뿌린다.
2　건더기가 살짝 잠길 정도로 물을 붓고 한소끔 끓인다. 거품을 없애고 약한 불에서 30분간 끓인다.

Advice 〉 재료를 포개 넣고 끓이기만 하면 끝. 약한 불에서 끓이면 생선 살이 통통하게 부풀어 오르면서 완성됩니다.

오크라 소고기 스튜

수단

≋ 바미야 Bamya ≋

소고기 스튜에 오크라의 걸쭉함이 더해진 요리로 먹으면 몸이 아주 따뜻해집니다.
오랜 시간에 걸쳐 푹 끓여서 고기와 채소의 풍미가 특별해요.

90 min

재료(2인분)

A 소고기 사태살 100g(한입 크기로 썰기)
　물 1컵(200mL)
양파 1/2개(얇게 썰기)
올리브오일 3큰술
B 오크라 10개(통썰기)
　토마토 펄프 통조림 1/2캔
C 커민 1작은술
　소금 1작은술

만드는 법

1. 냄비에 **A**를 넣고 끓어오르면 거품을 없앤 다음 약한 불에서 40분간 삶는다.
2. 다른 냄비에 기름을 두르고 달궈지면 중간 불에서 양파를 갈색이 되게 볶는다.
3. **B**와 **1**을 삶았던 물과 함께 넣고 약한 불에서 30분 정도 수분이 잦아들 때까지 끓인다.

요리로 보는 세계 13

음식은 국경으로 구분할 수 없어요

아프리카는 현재 55개국이나 되는 국가가 존재합니다. 2011년 수단과 남수단이 분리되어 나라가 하나 더 늘어났을 때, 수단과 남수단의 요리를 어떻게 구분하면 될지 고민이었습니다. 사실은 한 나라였는데 나라가 분리되었다고 음식도 나눌 수 있는 것은 아니지요. 국경을 사이에 둔 인근 지역에서는 똑같은 음식을 먹고, 한 나라 안이지만 사막지대와 열대우림에서는 다른 음식을 먹기도 합니다. 고민 끝에 결국 대중적인 입맛에 맞을 만한 두 가지 요리를 선정했습니다.

요리뿐 아니라 수단의 특징을 한마디로 소개하기란 쉽지 않습니다. 그 지역에서 먹는 음식이나 문화는 그 나라가 어떠하기 때문이 아니라 그 지방의 환경이나 민족의 특성에 따라 변해갑니다.

이 책을 한 장씩 넘기다 보면 사용하는 재료나 조리 방법이 지역에 따라 서서히 변해가는 모습을 자연스럽게 깨닫게 됩니다.

예를 들어 아프리카에서는 땅콩이나 오크라가 흔하고, 발칸반도에서는 다진 고기 요리가 많고, 반대로 멀리 떨어진 나라인데 같은 요리를 먹는 등 이런 사실을 알게 되면 세상을 바라보는 눈이 조금씩 바뀌어갑니다.

Advice 〉 끓이면 끓일수록 소고기와 오크라가 부드러워져서 맛있습니다.

인도양의
섬나라
요리래요

코모로

토마토 가다랑어 스튜
≶ 피시 스튜 Fish stew ≶

토마토 국물에 생선 풍미가 진하게 밴 스튜. 겨울철 점심 식사로 먹는다면 아주 반가워할 요리입니다.
끓이기 전에 한 번 생선을 구워 풍미를 끌어냅니다.

156 — 196

재료(2인분)

A 마늘 1쪽(다지기)
  양파 1/2개(다지기)
올리브오일 2큰술
B 가다랑어 200g(한입 크기로 썰기)
  감자 1개(대강 썰기)
C 토마토 펄프 통조림 1/2캔
  소금 1작은술
  후추 조금

만드는 법

1 냄비에 기름을 두르고 달궈지면 중간 불에서 A를 충분히 볶는다. B를 넣고 다시 5분간 볶는다.
2 C를 추가하고 끓어오르면 거품을 제거한 뒤 약한 불에서 30분 끓인다.

다른 생선을 사용해도 되지만, 살이 잘 부서지지 않은 등푸른생선 종류를 골라주세요. 〈 Advice

매운 콩비지인가

콩과 견과류와 채소 찜
모이모이 | Moi Moi

토고

블랙 아이드 피(동부콩)은 대두와 비슷한 종류입니다. 비지처럼 촉촉하고 부드러운 식감. 카레 맛이 나고 푹푹 떠먹으면 속이 든든해집니다.

60 min

157 — 196

재료(2인분)

블랙 아이드 피(또는 대두) 100g (하룻밤 물에 담가 두기)
A 참치캔 1개(오일 가공)
    양파 1/2개
    토마토 1/2개
    카레 가루 1작은술
    소금 1작은술
삶은 달걀 2개(2등분하기)

만드는 법

1. 콩을 문질러서 껍질을 최대한 제거한다.
2. 냄비에 콩을 불렸던 물과 함께 붓고 중간 불에서 30분간 말랑거리게 삶는다.
3. 믹서에 **2**와 **A**를 넣고 곱게 간다.
4. 도기 그릇에 재료를 옮겨 담고 삶은 달걀 네 조각을 균일한 간격으로 절반 정도 들어가게 꽂는다. 찜기에 넣어 약한 불에서 40분간 찐다.

Advice 〉 블랙 아이드 피는 '팬더콩'이라고도 부르며, 수입 식료품 매장이나 인터넷에서 구매할 수 있습니다.

좀 맵네

남아프리카의 양고기 스튜
에스와티니 　머튼 스튜 Mutton stew

에스와티니의 전통요리인 양고기 스튜.
생강과 카레 가루로 양고기의 잡냄새를 제거해 맛있게 먹을 수 있습니다.

110 min
158 — 196

재료(2인분)

A 양고기(또는 소고기 사태살) 100g(깍둑썰기)
　　물 1컵(200mL)
B 마늘 1쪽(다지기)
　　생강 1쪽(다지기)
　　양파 1개(다지기)
올리브오일 3큰술
카레 가루 30g
C 토마토 펄프 통조림 1/2캔
　　소금 1작은술
　　후추 1/2작은술

만드는 법

1. 냄비에 **A**를 넣고 끓어오르면 거품을 없앤 뒤 약한 불에서 40분간 삶는다.
2. 다른 냄비에 기름을 두르고 달궈지면 약한 불로 **B**를 30분간 충분히 볶는다. 카레 가루를 추가해서 향이 배도록 다시 볶는다.
3. 1과 **C**를 넣고 한소끔 끓인다. 거품을 없애고 약한 불에서 30분 더 끓인다.

맨 처음 삶을 때는 물론 끓일 때도 거품이 생기면 그때그때 바로 제거합니다. ⟨ Advice

손에 들고 먹고 싶은 매콤한 새우구이

모잠비크

≋ 프라이드 프론즈 Fired prawns ≋

재료를 마리네식으로 초절임해서 오븐에 넣고 굽기만 하면 끝.
허브가 새우 풍미를 한층 진하게 돋웁니다. 손으로 들고 먹어보세요.

45 min

159 — 196

재료(2인분)

통새우 12마리
A 올리브오일 50mL
　다진 마늘 1작은술
　타라곤Taragon(있으면) 1/2작은술
　오레가노 1/2작은술
　타임 1/2작은술
　소금 1/2작은술
　후추 1/4작은술

만드는 법

1 새우 다리와 머리를 제거한다.(껍질은 벗기지 않는다)
2 그릇에 **1**과 **A**를 넣고 잘 섞어준 다음 냉장고에 30분간 재운다.
3 200도 오븐에서 5분간 빨갛게 변할 때까지 굽는다.

Advice 〉 허브는 생허브나 건조된 허브 모두 OK! 푹 재워두면 새우에 향이 스밉니다.

'아시아' 요리를 우리 집에서

ASIA

동쪽은 일본, 서쪽은 중동 여러 나라, 남쪽은 인도네시아 섬들이 자리한 아시아는 각양각색의 문화를 자랑합니다. 보통은 향신료를 듬뿍 사용한 동남아시아 요리나 중화요리가 '아시아의 대표 요리'로 알려져 있습니다. 그에 비해 일본 요리는 아시아에서도 조금 특이한 존재라고 할 수 있습니다.
허브와 향신료를 솜씨 좋게 사용하여 식욕을 자극하는 아시아의 식당으로 어서 오세요!

압도적인 레몬의 맛!

예멘

닭고기 레몬 스튜
레몬 스파이시 치킨 Lemon spicy chicken

닭튀김에는 레몬이 제격이듯, 닭고기와 레몬의 조합은 그야말로 최고. 마무리용이 아니라 처음부터 레몬이 잘 배어들게 하는 것이 이 요리의 포인트입니다.

40 min

160 — 196

재료(2인분)

- 닭다리살 2덩어리(한입 크기로 썰기)
- 레몬즙 2큰술
- **A** 마늘 2쪽(다지기)
  양파 1개(얇게 썰기)
- 올리브오일 2큰술
- **B** 토마토 펄프 통조림 1/4캔
  요구르트 3큰술
- 소금 1작은술

만드는 법

1. 닭고기에 레몬즙을 두르고 소금을 뿌려 10분간 둔다.
2. 냄비에 기름을 두르고 뜨거워지면 중간 불에서 **A**를 충분히 볶는다.
3. 1과 **B**를 넣고 약한 불에서 20분간 끓인다. 거품을 없애고 소금으로 간을 맞춘다.

Advice 〉 레몬의 산미가 맛을 좌우하기 때문에 듬뿍 짜서 사용합니다.

오늘은 맛있는
아시아 요리

중독되는 말레이 볶음국수

말레이시아

≋ 미고렝 Mi goreng ≋

말레이반도에서 즐겨 먹는 아시아 볶음국수. 일본 볶음국수보다 매콤달콤하고 고수 향이 나는 맛.
현지에서 삼발*은 매운맛을 내는 기본 양념입니다.

재료(2인분)

닭다리살 50g
A 양배추 1/2개(큼직하게 썰기)
  숙주 1/2봉지
샐러드오일 1큰술
볶음용 면 2사리
B 간장 50mL
  흑당 50g
  삼발(또는 두반장) 1/2작은술
땅콩(장식용) 적당량(빻기)

만드는 법

1 닭고기를 삶아서 잘게 찢는다.
2 프라이팬에 기름을 두르고 달궈지면 강한 불에서 **A**를 충분히 볶는다. **1**과 볶음용 면과 **B**를 넣고 중간 불에서 양념 소스가 바싹 졸아들 때까지 볶는다.
3 접시에 보기 좋게 담은 다음 땅콩을 뿌린다.

* 삼발Sambal: 인도네시아와 말레이반도에서 두루 사용하는 매운 고추소스. 지역과 재료에 따라 다양한 종류가 있지만, 고추, 마늘, 양파만으로 매운맛을 내는 것이 기본

Advice 〉현지에서는 간장소스에 해당하는 케첩 마니스라는 양념을 추가합니다. 여기서는 간장과 흑당으로 대체.

바삭하고 쫄깃하게 튀긴 춘권

베트남

≋ 짜조 Cha gio ≋

겉은 바삭하게, 속은 쫄깃한 춘권 튀김. 다진 고기를 사용하므로 교자처럼 육즙이 풍부합니다.
새콤달콤한 데다가 매운 곁들임 소스마저 중독되는 맛.

재료(2인분)

당면 50g(5cm 길이로 썰기)
목이버섯 3g(다지기)
A 다진 돼지고기 100g
  당근 1/4개(다지기)
  다진 마늘 1/2작은술, 남플라 1큰술
라이스페이퍼 8장
B 식초 3큰술, 남플라 1큰술
  고춧가루 1작은술, 설탕 1큰술

만드는 법

1 당면과 목이버섯을 물에 불려서 자른다.
2 그릇에 **1**과 **A**를 넣고 잘 섞는다.
3 다른 그릇에 물을 가득 채우고 라이스페이퍼를 5초 정도 담갔다가 꺼내서 마른행주로 덮어 물기를 제거한다. **2**를 여덟 등분하여 각각 라이스페이퍼에 얹고 잘 감싸준다.
4 160도 기름에 10분간 천천히 튀긴다. **B**를 섞어 찍어 먹는 소스로 곁들인다.

Advice 〉라이스페이퍼는 작은 크기를 구해서 준비합니다.

181

밥에 요구르트?!

요르단

요구르트 스튜를 얹은 사프란 라이스
🍴 만사프 Mansaf 🍴

요구르트소스로 고기를 삶은 전통요리. 보통은 사프란 라이스 위에 뿌려서 먹어요.
'만사프'는 현지어로 '큰 접시'라는 뜻이라네요.

⏱ 65 min

재료(2인분)

A 쌀 180mL(씻어 두기)
   물 1컵(200mL)
   사프란 5줄기
   소금 1/2작은술

B 양고기(또는 소고기 사태살) 200g(한입 크기로 썰기)
   물 2컵반(500mL)

C 요구르트 200g
   카더몬 1/2작은술
   커민 1/2작은술
   시나몬 가루 1/4작은술
   소금 1큰술

만드는 법

1. 밥솥에 **A**를 넣고 15분간 불렸다가 밥을 짓는다.
2. 냄비에 **B**를 넣고 중간 불에서 30분간 끓인다. **C**를 추가해 약한 불에서 다시 15분간 끓인다.
3. **1**을 접시에 보기 좋게 담고 **2**를 뿌린다.

◁ **Advice** 요구르트와 사프란 라이스의 조합이 아주 훌륭합니다.

부드럽지만 매워요!

버섯과 감자를 넣은 치즈 스튜

부탄

≫ 샤무 깨와 다치 Shamu Kewa Datshi ≪

세계에서 고추를 가장 많이 소비하는 부탄의 스튜 요리. 보기와는 달리 매워요. 매운맛과 함께 뼛속까지 뜨거워지는 맛입니다.

30 min

164 / 196

재료(2인분)

감자 2개
버섯 종류 500g
양파 1/2개(얇게 썰기)
마늘 1쪽(다지기)
생강 1쪽(다지기)
여러 가지 치즈 100g
물 1/2컵(100mL)
샐러드오일 1큰술
고춧가루 1작은술
소금 1작은술

만드는 법

1. 감자를 삶아서 2cm 두께로 깍둑썰기를 한다.
2. 냄비에 재료를 모두 넣고 약한 불에 저어가며 15분간 끓인다. (감자가 익고 치즈가 녹으면 완성)

Advice 〉 고추를 채소처럼 아작아작 씹어 먹는 부탄. 이 요리의 매운맛은 그런대로 먹을 만한 편.

입안이 저릿해요

필리핀

시큼한 돼지고기 수프
시니강 Sinigang

입이 저릿할 정도로 시큼한 수프. 채소나 해산물을 재료로 사용하기도 하지만, 돼지고기가 가장 기본입니다. 더운 여름철에 먼저 이 음식을 먹으면 식욕이 살아납니다.

60 min

재료(2인분)

A 돼지고기 2덩어리(한입 크기로 썰기)
오크라 4개(꼭지 제거하기)
무 1/2개(은행잎 썰기)
토마토 1/2개(큼직하게 썰기)
가지 1개(골패 썰기)
물 2컵(400mL)

B 레몬즙 2큰술
남플라 1큰술
소금 1/2작은술

만드는 법

1 냄비에 **A**를 넣고 중간 불에 20분간 끓인다.
2 **B**를 추가한 뒤 끓어오르면 거품을 없앤 다음 약한 불로 30분간 끓인다.

요리로 보는 세계 14

산미에는 장점만 있어요

이렇게 시큼한 수프는 어떻게 생겨난 걸까요? 열대지역에는 타마린드라는 신맛이 나는 열매가 자라는데 그것을 사용하기 때문입니다.

레시피에서는 레몬으로 대체했으나, 본고장에서 사용하는 타마린드는 콩과 식물입니다. 열대지역에 서식하는 여우원숭이들이 아주 좋아하는 식물인데, 한번 발효해서 신맛을 더욱 가미한 것을 양념으로 사용합니다. '신맛'에는 장점이 두 가지 있습니다. 하나는 쉽게 상하지 않는 것이고, 다른 하나는 더울 때도 식욕을 돋워주는 것이지요. 두 가지 모두 더운 나라에서 발달한 지혜입니다. 이외에도 미크로네시아의 치킨 아도보(108p)라는 스튜 요리도 식초를 듬뿍 사용합니다. 독일의 사워크라우트 역시 양배추를 발효한 시큼한 보존 식품입니다. 세상에는 음식을 맛있게 보존하는 지혜가 다양합니다.

길거리에서 과일을 팔던 노천 상인. 거리를 걷다 보면 눈에 띄는 신기한 과일들.

요리를 배우려고 체류 중일 때 자주 들렀던 꼬치구이 포장마차. 돼지고기, 소고기, 닭고기 등 종류가 다양해서 인기였습니다.

Advice › 감칠맛이 부족한 것 같으면 피시소스인 남플라를 조금 넉넉하게 넣으세요.

알알이 느껴지는 식감이 좋아요

스리랑카

붉은 렌틸콩으로 만든 순한 카레
파리뿌 카레 Parippu curry

렌틸콩은 물에 불릴 필요가 없는 편리한 식재료입니다.
여러 종류의 향신료를 사용하지만, 어딘가 순한 맛이 도는 콩 카레입니다.

50 min

166 — 196

재료(2인분)

마늘 1쪽(다지기)
샐러드오일 1큰술
A 카옌페퍼 1/2작은술
　　커민 1작은술
　　시나몬 가루 1/2작은술
B 붉은 렌틸콩 100g
　　토마토 펄프 통조림 1/4캔
　　물 2컵반(500mL)
소금 1작은술
후추 1/2작은술

만드는 법

1. 냄비에 기름을 두르고 달궈지면 약한 불에서 마늘을 향이 배어 나오게 볶는다. **A**를 추가해 향신료의 냄새가 잘 스미게 볶는다.
2. **B**를 넣고 약한 불에서 30분간 콩이 익을 때까지 끓인다. 소금·후추로 간을 맞춘다.

Advice 렌틸콩이 기호에 맞으면 수프나 샐러드에도 넣어보세요.

템페가 뭐야?

템페 코코넛 카레
동티모르 — 카레 템페 Curry tempeh

낫토가 굳은 것 같은 인도네시아의 식재료인 템페. 튀기면 표면이 바삭바삭해져서 맛있어요.
거슬리는 냄새가 나지 않으니 고기 대신 카레에 넣어보세요.

 25 min

재료(2인분)

- **A** 다진 마늘 1/2작은술
   다진 생강 1/2작은술
   양파 1/2개(잘게 다지기)
- 샐러드오일 1큰술
- **B** 토마토 펄프 통조림 1/2캔
   코코넛밀크 1컵(200mL)
- 소금 1작은술
- 삼발(또는 두반장) 1작은술
- 템페 100g(한입 크기로 썰기)

만드는 법

1. 냄비에 기름을 두르고 달궈지면 중간 불에서 **A**를 충분히 볶는다. **B**를 붓고 끓어오르면 거품을 없앤 뒤 소금과 삼발로 간을 맞춘 다음 약한 불에서 5분간 더 끓인다.
2. 템페를 180도 기름에서 5분간 튀긴다.
3. **1**의 냄비에 **2**를 넣는다.

Advice 〉 낫토처럼 점성이나 특유의 냄새가 나지 않아서 고기 대용으로 많이 사용하는 식재료입니다.

바삭바삭
바사삭!

캄보디아

다진 고기를 얹어서 튀긴 빵

놈팡첸 Nompangchien

바게트에 재료를 얹어서 튀긴 요리. 달콤하면서도 짭조름한 맛과 바삭바삭한 식감으로 아이들이 아주 좋아합니다. 캄보디아는 프랑스 통치의 영향으로 의외로 빵이 맛있는 나라입니다.

30 min

재료(2인분)

당면 15g(2cm 폭으로 자르기)
목이버섯 3g(채썰기)
A 다진 돼지고기 150g
   달걀 푼 것 1/2개분
   당근 1/4개(다지기)
   다진 마늘 1/2작은술
   남플라 1큰술
   소금 1/2작은술
바게트 6조각(2cm 두께로 통썰기)

만드는 법

1. 당면과 목이버섯을 물에 불려서 자른다.
2. 그릇에 **1**과 **A**를 넣고 잘 섞는다.
3. 바게트에 **2**를 발라서 180도 기름에 바른 면이 아래로 향하게 넣어 7분간 튀긴다. 반대로 뒤집어서 빵만 있는 면도 바삭하게 튀긴다.

요리로 보는 세계 15

바게트가 집밥이라고요?

"캄보디아에 갔다가 바게트가 맛있어서 놀랐다" 하는 말을 자주 듣습니다. 동남아시아 한가운데 있는 캄보디아에서 바게트라니! 그런데 거리를 지나다 보면 아주 자연스럽게 바게트를 먹는 모습을 보게 됩니다.

프랑스 식민지 시대의 영향이 지금도 생활에 뿌리 깊게 남아 있기 때문입니다. 수도인 프놈펜은 프랑스 양식의 건축물이 즐비하여 동양의 파리라고도 불립니다.

놈팡첸도 프랑스의 영향이 남아 있는 것 중 하나입니다. 캄보디아 포장마차에서는 어디서나 바게트를 사용해 고기나 파테Pate 등을 속에 넣은 샌드위치를 팝니다. 집에서도 자주 만드는 음식이다 보니 집밥의 영역까지 침투해 있습니다.

참고로 베트남 역시 프랑스령이었던 영향이 남아 반미라는 바게트 샌드위치가 유명합니다. 카페에서 프렌치 커피를 마셔봐도 굉장히 맛이 좋습니다.

대한민국에서는 집밥 요리에 바게트를 사용하는 발상 자체가 존재하지 않지만, 집에서 꼭 한번 도전해보세요.

체류 중에 방문했던 '앙코르톰' 유적. 가이드 청년과 함께 몇 번이나 방문했던 좋은 추억이 있습니다.

Advice 〉 바게트가 기름을 잘 흡수하니 새 기름을 사용합니다.

향신료를 넣은 본고장의 양고기 카레
코르마 Korma

인도

토마토와 향신료를 사용해서
산뜻한 매운맛이 특징인 본고장의 정통 카레.

⏱ 70 min

재료(2인분)
- **A** 다진 마늘 1작은술, 다진 생강 1작은술
  양파 1개(얇게 썰기)
- 샐러드오일 2큰술, 양고기(또는 소고기 사태살) 200g
- **B** 토마토 펄프 통조림 1/2캔, 토마토케첩 2큰술
  가람 마살라 1작은술, 클로브 1/2작은술
  파프리카 파우더 1큰술
- 소금 1작은술, 흑후추 1/2작은술

만드는 법
1. 프라이팬에 기름을 두르고 달궈지면 약한 불에서 **A**를 30분간 은근히 볶는다.
2. 양고기를 넣고 중간 불에서 5분간 노릇노릇하게 볶는다.
3. **B**를 추가해 약한 불에서 30분간 끓인다. 소금·후추로 간을 맞춘다.

고등어 코코넛 카레
코코넛 일리시 Coconuts Ilish

방글라데시

코코넛 카레에는
고등어나 방어를 함께.

⏱ 50 min

재료(2인분)
- 양파 1/2개(얇게 썰기), 샐러드오일 1큰술
- **A** 카옌페퍼 1/2작은술, 카더몬 1/2작은술
  커민 1작은술, 코리앤더 1작은술
- **B** 터메릭 1작은술, 고등어 2토막, 물 1/2컵(100mL)
- 코코넛밀크 1컵반(300mL)
- 소금 1작은술
- 후추 1/2작은술

만드는 법
1. 냄비에 기름을 두르고 달궈지면 중간 불로 양파를 충분히 볶는다.
2. **A**를 넣고 향이 배어 나오면 **B**를 추가해 중간 불에서 15분간 끓인다.
3. 코코넛밀크를 붓고 약한 불에서 15분간 더 끓인다. 소금·후추로 간을 맞춘다.

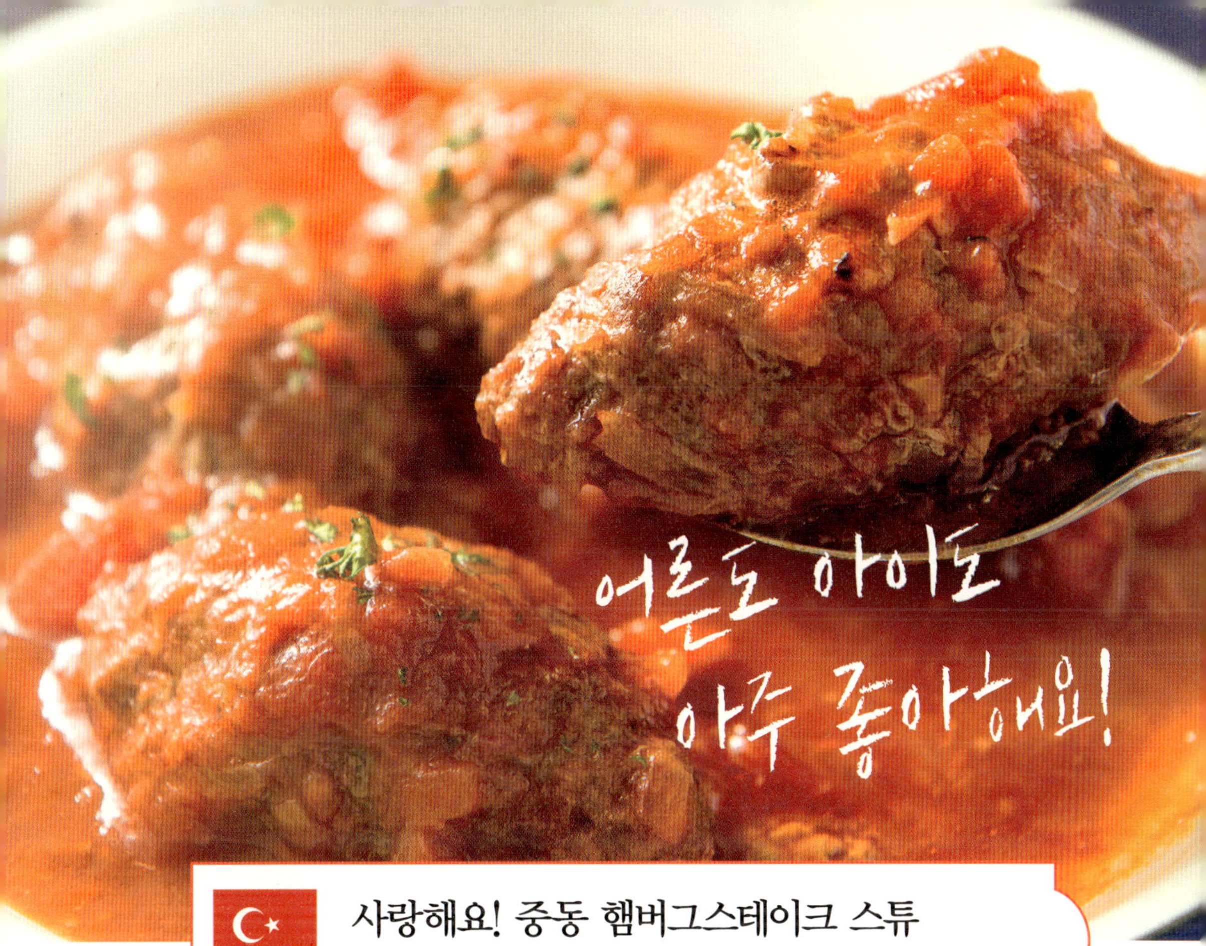

사랑해요! 중동 햄버그스테이크 스튜

터키

이즈미르 쾨프테 Izmir köfte

큼직한 고기완자에 상큼한 토마토소스를 넣고 부드럽게 익힌 요리.
'쾨프테'란 중동지역에서 미트볼을 뜻하는 말입니다.

재료(2인분)

A 마늘 1쪽(다지기)
　　양파 1/2개(다지기)
올리브오일 1큰술
B 토마토 펄프 통조림 1캔
　　물 100mL
C 다진 고기 150g
　　양파 1/2개(다지기)
　　달걀 1/2개
　　우유 1큰술
　　빵가루 한 줌
　　소금 1/2작은술
　　후추 조금

만드는 법

1. 토마토소스를 만든다. 냄비에 기름을 두르고 달궈지면 중간 불로 **A**가 충분히 익게 볶는다. **B**를 붓고 한소끔 끓인다. 약한 불로 줄여서 소금·후추를 뿌려 20분간 끓인다.

2. 고기완자를 만든다. 그릇에 **C**를 넣고 반죽해서 한 덩어리로 만든 다음 5cm 크기의 럭비공 모양으로 동그랗게 만든다.

3. **1**에 **2**를 넣고 중간 불에서 30분간 끓인다.

Advice › 세계 3대 요리가 모두 터키 요리인 만큼 맛은 보장합니다.

주식으로 먹는 파스타를
디저트로 만든 독특한 요리.

10 min

172 — 196

재료(2인분)

가는 파스타 100g
건포도 30g
버터 녹인 것 30g
카더몬 1/2작은술
슈거 파우더 2큰술

만드는 법

1 파스타를 삶아서 찬물에 담갔다가 체에 밭쳐 물기를 제거하고 그릇에 옮긴다.

2 재료를 모두 넣고 함께 섞는다.

오만

얇은 파스타 디저트
세비야 Seviya

완전히 차게 해서
카레와 함께.

70 min

173 — 196

재료(2인분)

오이 2개
요구르트 200g
소금 1/2작은술

만드는 법

1 오이를 껍질째 잘게 간다. 소금을 뿌리고 냉장고에서 1시간 동안 차갑게 둔다.

2 1의 수분을 제거하고 요구르트와 함께 섞는다.

쿠웨이트

곱게 간 오이와 요구르트 샐러드
큐컴버 & 요구르트 Cucumber & Yogurt

일본에 중화요리를 보급한
찬킨만 씨의 주특기 요리.

⏰ 40 min

174 — 196

재료(2인분)

두부 1모
A 대파 1/2개(다지기), 마늘 1쪽(다지기), 생강 1쪽(다지기)
샐러드오일 1큰술, 다진 돼지고기 50g
B 두반장 1큰술, 춘장 1큰술
C 술 2큰술, 간장 2큰술, 설탕 1작은술
   소금·후추 조금, 물 1컵(200mL)
녹말 2큰술(3배 분량의 물에 풀기), 쪽파 적당량
참기름 1큰술

만드는 법

1 두부는 물기를 제거하고 깍둑썰기로 준비한다.
2 프라이팬에 기름을 두르고 달궈지면 중간 불에서 **A**를 볶는다. 향이 배어 나오면 돼지고기를 넣고 색이 변할 때까지 볶는다. **B**를 추가해 다시 3분간 볶는다.
3 **C**를 넣고 끓어오르면 **1**을 마저 넣고 다시 한소끔 끓인다. 물에 푼 녹말을 추가하고 마무리로 참기름을 몇 방울 떨어뜨린 뒤 파를 뿌려준다.

중국

중국집 마파두부
마포토푸 Mapa Tofu

한국 당면은 녹두 당면보다
쫄깃하고 탄력이 살아 있습니다.

⏰ 30 min

175 — 196

재료(2인분)

A 얇게 저민 소고기 50g(5cm 폭으로 썰기)
   다진 마늘 1/2작은술, 참기름 1작은술
   간장 2큰술, 설탕 1작은술
한국 당면(삶기) 100g(5cm 폭으로 썰기)
B 당근 1/4개(채썰기), 간장 1큰술
   설탕 1작은술, 소금 조금
깨소금 적당량

만드는 법

1 그릇에 **A**를 넣고 잘 버무린 다음 냉장고에서 10분간 재운다.
2 프라이팬이 달궈지면 강한 불에서 **1**을 절인 양념째로 볶다가 골고루 익으면 일단 꺼내 둔다.
3 같은 프라이팬에 당면과 **B**를 추가하고 중간 불에서 5분 정도 볶는다. **2**를 넣고 버무린다. 깨소금을 뿌린다.

한국식 소고기 당면 볶음
잡채 Japchae

그린빈 토마토 스튜

시리아

🥄 **파술리아** Fasoulia 🥄

그린빈이 제철인 시기가 되면 꼭 한번 만들어보세요.
시리아의 가정 요리이며 국물은 후루룩 떠먹을 수 있습니다.

재료(2인분)

A 마늘 1쪽(다지기)
　다진 소고기(있으면 다진 양고기) 100g
　양파 1/2개(다지기)
　피망 1개(다지기)
올리브오일 1큰술
B 그린빈 400g(5cm 폭으로 썰기)
　토마토 펄프 통조림 1캔
　물 1/2컵(100mL)
　소금·후추 조금

만드는 법

1. 프라이팬에 기름을 두르고 달궈지면 중간 불에서 **A**를 5분간 볶는다.
2. **B**를 넣고 약한 불에서 30분 끓인다.

요리로 보는 세계 16

마음이 따뜻해지는 수프

중동에 있는 시리아의 요리입니다. 내전이 계속되는 이 나라에서는 지금도 많은 사람이 외국으로 피난을 떠나고 있습니다. 이 레시피는 시리아의 전쟁을 피해 일본으로 건너온 어느 아주머니를 만나 배운 요리입니다.

그녀의 자녀는 일본에서 학교를 다니지만, 이슬람교를 믿는 그들은 종교적인 이유로 대부분의 급식을 먹을 수 없습니다. 저는 아이들이 먹을 수 있는 요리를 레토르트 식품으로 만들면 생활에 도움이 되지 않을까 해서 그 가족을 만나고자 했습니다.

그래서 효고 현에 사는 그녀의 가족을 찾아갔습니다. 실제로 그녀는 매우 예쁘고 상냥한 어머니였고, 아이들은 착하고 싹싹하면서도 쾌활했습니다.

시리아 분쟁에서 도망쳐 온 가족이라 어딘가 불행한 그늘이 보일 거라고 섣불리 상상했던 이미지와는 정반대였습니다. 물론 그녀의 가족은 언제 본국으로 송환될지 모르는 불안한 상황에 처해 있지만, 절망하기는커녕 꿋꿋한 모습에 가슴이 찡했습니다.

이 파술리아는 어머니가 평소 아이들에게 만들어주는 음식이자 아이들 역시 가장 좋아하는 어머니의 요리입니다. 빨리 내전이 끝나서 다시 옛날처럼 모두 식탁에 둘러앉아 이 요리를 먹는 날이 오기를 빕니다.

Advice 〉 그린빈은 아삭아삭한 식감을 살리거나 부드럽게 데쳐 먹어도 맛있습니다.

더운 날에도 먹을 수 있어요

오븐에 구운 담백한 소고기

아랍에미리트 — 샤와르마 Shawarma

식초의 신맛이 잘 어우러진 중동의 고기 요리. 머스터드와 시나몬이 양념 역할을 합니다. 밑간한 다음 굽기만 하면 되는 아주 간편한 요리.

150 min

재료(2인분)

A 얇게 저민 소고기 300g(5cm 폭으로 썰기)
   양파 1/2개(갈기)
   현미식초 1/4컵(50mL)
   프렌치머스터드 2작은술
   시나몬 가루 1/2작은술
   다진 마늘 1/2작은술
   소금 1/2작은술
B 양파 1/4개(얇게 썰기)
   토마토 1/4개(얇게 썰기)

만드는 법

1 그릇에 A를 넣고 잘 버무린 다음 냉장고에 2시간 재운다.
2 1을 내열용 그릇에 옮겨 담고 B를 얹어서 230도 오븐에 20분간 굽는다.

> Advice 소고기를 미리 식초와 양파에 재우면 육질이 부드러워집니다.

배 속이 든든하네

모둠 채소구이

사우디 아라비아

시니야트 호다르 Siniyyat hodar

고기와 버섯, 채소를 볶아서 익히다가 오븐에 굽습니다.
다양한 재료가 빼곡하게 들어가 먹는 즐거움이 있습니다.

30 min

178 — 196

재료(2인분)

마늘 1쪽(다지기), 올리브오일 2큰술

A 양파 1/2개(얇게 썰기)
　당근 1/2개(통썰기)
　닭가슴살 100g(한입 크기로 썰기)
　감자 1/2개(얇게 썰기)

B 그린빈 6개(2등분하기)
　새송이버섯 1개(세로로 썰기)
　오크라 4개(이등분하기)
　가지 1/4개(통썰기)

C 토마토 펄프 통조림 1/2캔
　커민 1작은술
　소금 1작은술, 후추 조금

만드는 법

1 냄비에 기름을 두르고 달궈지면 약한 불에서 마늘을 볶는다. 향이 배어 나오면 A를 순서대로 넣고 강한 불에서 충분히 익게 볶는다.

2 B를 추가해 부드러워지도록 볶는다. C를 넣고 다시 5분 정도 볶는다. 내열용 그릇에 옮겨 담고 230도 오븐에 15분간 굽는다.

Advice〉오븐에 구워 재료 맛이 살아 있습니다. 골고루 구워주세요.

좋은 냄새

닭고기 토마토 수프 카레

네팔

🍴 쿠쿠라코마수 Kukhura ko Masu 🍴

네팔의 토마토 치킨 카레입니다. 많은 종류의 향신료가 들어가지만, 향 자체는 그리 강하지 않아서 아이에게도 추천. 너무 시큼하지 않으며 밥과 잘 어울리는 맛입니다.

 50 min

179 / 196

재료(2인분)

A 다진 마늘 1큰술, 다진 생강 1큰술
　양파 1/2개(얇게 썰기)
　피망 1개(얇게 썰기)
샐러드오일 1큰술
닭다리살 1덩어리(한입 크기로 썰기)
B 토마토 펄프 통조림 1/2캔
　카옌페퍼 1/2작은술
　가람 마살라 1작은술, 커민 1작은술
　코리앤더 1작은술, 터메릭 1작은술
소금 1작은술
후추 1작은술

만드는 법

1. 냄비에 기름을 두르고 달궈지면 중간 불에서 **A**를 충분히 볶는다.
2. 닭고기를 넣고 색이 하얗게 바뀌면 **B**를 추가해 약한 불에서 30분간 끓인다.
3. 소금·후추로 간을 맞춘다.(너무 졸아 들면 물을 추가해서 적당히 되직하게 해준다.)

요리로 보는 세계 17

가난한 나라의 아낌없이 환한 미소

해외로 요리 수행을 떠난 여행에서 네팔은 4개월 정도로 가장 긴 시간을 보낸 곳입니다. 이 나라 사람은 인접해 있는 인도 사람들보다 인상이 부드러워 "인도에서 네팔로 넘어오면 긴장이 풀린다"라는 말을 자주 들을 정도입니다.

한편 '아시아에서 가장 가난한 나라'로도 불리는 네팔. 사람들의 생활은 빠듯하지만, 치안은 그 정도로 나쁘지 않습니다. 상냥한 국민성 때문이지요.

이 쿠쿠라코마수는 가난한 네팔인의 일상에서도 손님을 대접할 때 만드는 요리로, 여행 당시 머물렀던 집의 부인에게 배웠습니다. 인도보다 향신료 사용이 덜하여 대부분 사람의 입맛에 잘 맞습니다. 순한 맛의 이 요리를 먹으면 네팔에서 만난 사람들의 친절한 미소가 떠오릅니다. 여담이지만, 체류 중에 만난 여성 자원봉사자가 지금 제 아내입니다.

네팔에 머물렀던 집에서 차파티Chapati* 만드는 법을 배우던 때.

체류 중에 만난 네팔인 학생. 친절하면서도 수줍음을 타는 것이 일본인 특유의 성향과 닮았습니다.

* 차파티Chapati: 인도, 네팔 등에서 주식으로 먹는 음식으로 밀가루를 반죽해 둥글고 얇게 만들어 구운 것

Advice 〉 물을 넣지 않고 토마토에서 나오는 수분으로만 요리합니다.

파프리카와 달걀 반숙을 넣은 토마토소스 스튜

이스라엘

샤크슈카 Sahkshouka

심플한 파프리카 토마토 스튜에 달걀을 얹어 작은 호사를 누리는 기분.
비타민이 풍부해서 감기 예방에도 좋습니다.

35 min

재료(2인분)

A 마늘 1쪽(다지기)
　 양파 1개(다지기)
올리브오일 1큰술
B 파프리카 빨간색·노란색 각 1/2개(골패 썰기)
　 피망 1개(골패 썰기)
　 토마토 펄프 통조림 1캔
　 소금·후추 조금
달걀 2개

만드는 법

1 냄비에 기름을 두르고 달궈지면 중간 불로 **A**를 충분히 볶는다.
2 **B**를 추가하고 끓어오르면 거품을 없앤 뒤 약한 불에서 20분간 끓인다.
3 날달걀을 겹쳐지지 않게 깨서 올린 다음 뚜껑을 닫고 약한 불에서 5분간 끓인다.

Advice 달걀 반숙은 필수입니다. 맛이 부드럽게 완성됩니다.

어딘가 그리운 맛

어머니의 손맛이 깃든 미얀마식 닭볶음탕
쳇타힌 Kyettar Hin

미얀마

달짝지근한 일반 고기감자조림과는 다른 맛. 살짝 매콤한 닭볶음탕. 매운맛이 재료의 맛을 한층 살려줍니다.

40 min

재료(2인분)

닭다리살 1덩어리(한입 크기로 썰기)
A 터메릭 1작은술, 소금 1작은술
B 양파 1개(얇게 썰기)
　마늘 1쪽(다지기)
　생강 1쪽(다지기)
샐러드오일 2큰술
C 감자 2개(대강 썰기)
　물 1/2컵(100mL)
　카옌페퍼 1/2작은술
　남플라 2큰술
　소금 1/2작은술, 후추 조금
가람 마살라 1큰술

만드는 법

1. 닭고기에 **A**를 뿌려 골고루 버무린 다음 냉장고에 20분간 둔다.
2. 냄비에 기름을 두르고 달궈지면 **B**를 중간 불로 충분히 볶는다. 닭고기를 넣고 색이 하얗게 되도록 볶는다.
3. **C**를 추가하고 끓어오르면 거품을 없앤 뒤 약한 불에서 20분간 끓인다. 마지막으로 가람 마살라를 넣는다.

Advice 〉 버무리고, 볶고, 끓이는 세 가지 조리 단계가 질리지 않고 계속 먹게 되는 맛의 비결입니다.

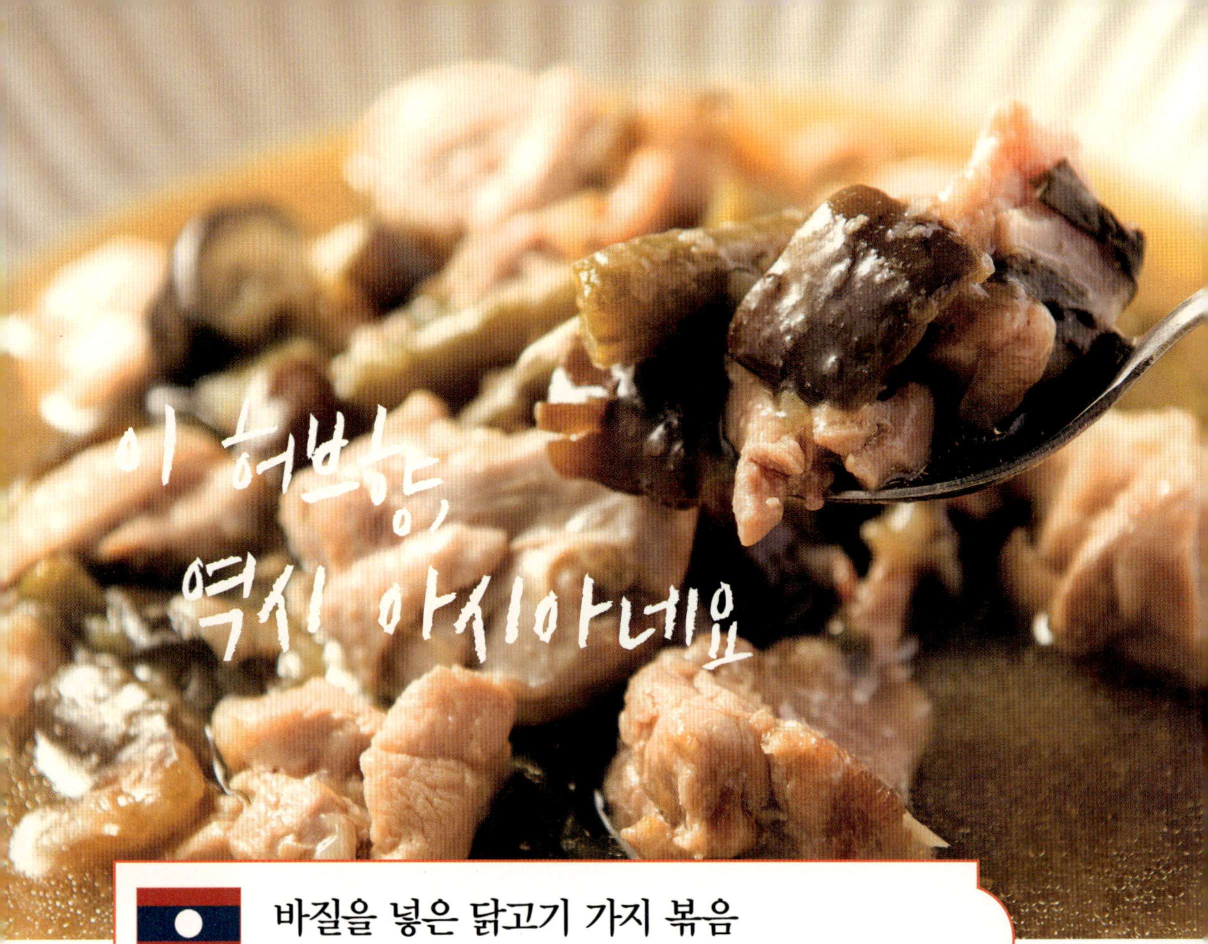

라오스

바질을 넣은 닭고기 가지 볶음

어카이Awkai / Awgai

바질을 듬뿍 사용한 라오스 요리. 한입 먹어보면 향긋한 풍미가 입안에 가득 퍼집니다.
밥이 절로 생각나는 반찬입니다.

30 min

182 / 196

재료(2인분)

- **A** 마늘 1쪽(다지기)
  생강 1쪽(다지기)
  양파 1/2개(다지기)
- 샐러드오일 1큰술
- **B** 닭가슴살 300g(한입 크기로 썰기)
  가지 2개(깍둑썰기)
  바질 1줄기(잘게 다지기)
- **C** 물 1/4컵(50mL)
  남플라 2큰술

만드는 법

1. 냄비에 기름을 두르고 달궈지면 중간 불로 **A**를 볶는다. 향이 배어 나오면 **B**를 추가해 닭고기 색이 하얗게 되도록 볶는다.
2. **C**를 넣고 약한 불에서 20분간 끓인다.

레몬그라스나 카피르라임 이파리를 끼워 넣으면 현지의 맛에 더욱 가까워집니다. 〈 **Advice**

식어도 맛있어요

미트볼 요구르트 스튜
이란

❊ 고레슈에마스 Khoresh-e Mast ❊

닭고기 완자를 향신료와 요구르트에 끓인 요리. 산미가 돌면서 부드러워요.
술이 생각나는 맛입니다.

재료(2인분)

A 다진 닭고기 200g, 소금 1/2작은술
  후추 조금
샐러드오일 1큰술
양파 1/2개(다지기)
B 요구르트 300g
  옥수수 전분 1큰술(요구르트와 섞기)
  물 50mL
  카더몬 1/3작은술, 커민 1/3작은술
  사프란 3줄기, 계피 1/3작은술
  터메릭 1/3작은술
레몬즙 1큰술
얇게 저민 아몬드 적당량

만드는 법

1. 그릇에 **A**를 넣고 잘 반죽한 다음 6등분하여 각각 미트볼을 만든다.
2. 프라이팬에 기름을 두르고 달궈지면 중간 불에 **1**을 굴리면서 노릇노릇하게 구운 다음 일단 꺼내 둔다.
3. 같은 프라이팬에 중간 불로 양파를 빠르게 볶는다. **B**를 넣고 약한 불에서 20분간 끓인다. 소금·후추(적정량)로 간을 맞춘 뒤 레몬즙을 추가하고 약한 불로 볶은 다음 아몬드를 뿌린다.

Advice 〉 고기를 요구르트에 넣고 끓이는 방식은 중동에서 흔한 요리법입니다.

훅 뒤집었어요

시나몬 향이 나는 가지 소고기 영양밥

이라크

♣ 마클루바 Maqluba ♣

큰 냄비나 밥솥에 만드는 재미있는 요리. 사람들이 모였을 때 대접하는 요리로 모두 함께 "마클로바!" 하고 외치면서 뒤집습니다. 전쟁의 포화 속에서도 맛있는 음식은 사람들을 미소 짓게 합니다.

80 min

재료(2인분)

가지 3개(껍질 벗겨 깍둑썰기)
올리브오일 2큰술
소고기 사태살 300g(깍둑썰기)
쌀 360mL
물 380mL
A 소금 2작은술
  시나몬 1/2작은술
얇게 저민 아몬드 3큰술

만드는 법

1. 가지에 소금을 가볍게 뿌리고 15분간 둔다.
2. 프라이팬에 기름을 두르고 달궈지면 소고기를 넣고 소금을 살짝 뿌려서 중간 불로 볶아 골고루 익힌다.
3. 1에서 나온 수분을 키친 페퍼로 닦아내고 180도 기름에 7분 가량 튀긴다.
4. 밥솥에 3과 2를 포개 넣고 그 위에 쌀을 쏟는다. 물에 섞은 A를 살살 부어준 다음 밥을 짓는다.
5. 노릇노릇하게 볶은 아몬드를 뿌린다.

요리로 보는 세계 18

중동의 파티 요리인가요?

이라크를 비롯해 중동 전역에서 즐겨 먹는 요리입니다. 이 지역 주변의 역사는 세계 3대 문명인 메소포타미아 문명에서 시작됐으며, 식문화의 역사도 약 1만 년이나 되었다는 중화요리 못지않게 아주 긴 세월을 축적해왔습니다.

그러한 중동 요리 중에서도 유명한 '마클루바'. 이것은 현지 언어로 '뒤집는다'라는 의미입니다. 냄비 바닥에 채소를 깔고 밥을 지어 모두가 보는 앞에서 '미클로바'를 함께 외치며 냄비를 확 뒤집으면 "와" 하고 환호성을 터트립니다. 본고장인 이라크에서도 손님을 맞거나 친척이 모두 모인 자리에 이 요리를 내놓습니다.

이라크의 파티라고 하면 상상이 잘 안 되겠지만, 일본에서 축하하는 자리나 제사 때 친척들이 모여 지라시즈시*를 먹는 분위기에 가까울 것입니다.

이처럼 요리를 모두 함께 뒤집는 예는 세계에서 찾아보기 힘듭니다. 뒤집은 다음에는 케이크 같은 외관에 깃발을 꽂거나 장식을 얹어도 좋습니다. 간단히 만들 수 있고, 모두 함께 소리에 맞춰 뒤집다 보면 분위기도 고조되므로, 여럿이 모이는 자리가 생기면 꼭 한번 솜씨를 발휘해보세요. 손님들도 분명 기뻐할 것입니다.

* 지라시즈시: 생선, 달걀부침, 각종 채소 등을 고명으로 흩뿌려 얹은 초밥

Advice 〉 가지의 수분을 완전히 제거하여 질어지지 않게 하는 것이 포인트입니다.

레스토랑의 맛!

매운 닭 꼬치구이

 파키스탄

🍢 치킨 티카 보티 Chicken tikka boti 🍢

매운 닭고기 요리. 인도 레스토랑의 맛을 집에서 재현해봅시다.
양념이 잘 배어 있어서 식어도 맛있어요.

135 min
185 — 196

재료(2인분)

닭다리살 400g(한입 크기로 썰기)
다진 마늘 1/2작은술
다진 생강 1/2작은술
요구르트 100g
카옌페퍼 1/2작은술
가람 마살라 1작은술
커민 1/2작은술
소금 1작은술

만드는 법

1 그릇에 재료를 모두 넣고 잘 섞어준 다음 냉장고에 2시간 재운다.
2 쇠꼬챙이에 끼워서 230도 오븐에 10분, 노릇노릇하게 굽는다.

생선구이 그릴로 구울 땐 중간 불에서 10분. 충분히 구워주세요. 〈 **Advice**

아시아의 맛이 느껴지는 닭튀김

브루나이

아얌 고렝 Ayam goreng

남플라에 삶아 튀겨낸 아시아풍의 튀김.
깊게 스며든 매콤달콤한 밑간과 고기의 연한 살이 환상의 조화를 이룹니다.

50 min

186 — 196

재료(2인분)

닭봉 6개
물 2컵(400mL)
A 남플라 1/2컵(100mL)
　　클로브 4송이
　　월계수 2장
　　다진 마늘 1/2작은술
　　다진 생강 1/2작은술
　　흑당 50g

만드는 법

1. 닭봉을 강한 불에 5분간 삶아서 흐르는 물에 깨끗이 씻는다.
2. 다른 냄비에 **1**과 물을 넣고 한소끔 끓인다. 약한 불로 줄이고 **A**를 추가한 다음 30분간 끓인다.
3. 닭봉을 꺼내 230도 오븐에 10분간 굽는다.

Advice 〉 닭봉, 닭날개 등 어떤 것을 사용해도 괜찮으며, 꼭 뼈가 붙어 있는 것으로 요리해보세요.

남국의 대표 메뉴래요

몰디브

천국에 가장 가까운 섬의 생선 카레

마스 리하 Mas riha

인도양에 자리한 섬나라 요리.
스튜와 비슷한 음식.

30 min

187 — 196

재료(2인분)

A 마늘 1쪽(다지기), 양파 1/4개(다지기)
올리브오일 1큰술
B 카옌페퍼 1/2작은술, 카더몬 1/2작은술
　커민 1/2작은술, 계피 1/2작은술, 터메릭 1작은술
코코넛밀크 2컵(400mL)
가다랑어(참치) 100g(한입 크기로 썰기)
소금 1과 1/2작은술, 후추 조금

만드는 법

1 냄비에 기름을 두르고 달궈지면 중간 불로 A를 충분히 볶는다. B를 추가해 약한 불에서 5분간 볶는다.

2 코코넛밀크를 붓고 끓어오르면 중간 불로 줄인 다음 가다랑어를 넣는다. 소금·후추로 간을 맞춘 뒤 거품을 없애면서 약한 불에 15분간 끓인다.

엄청 연해요

아프가니스탄

요구르트에 재운 양고기찜

카라히 고시트 Karahi gosht

요구르트에 재운 고기를 구운 다음
토마토를 넣고 끓인 요리

110 min

188 — 196

재료(2인분)

A 양고기(또는 소고기 사태살) 200g(한입 크기로 썰기)
　요구르트 2큰술, 다진 마늘 1작은술
　다진 생강 1작은술, 소금·후추 1작은술
B 피망 2개(채썰기), 토마토 펄프 통조림 1/2캔
샐러드오일 1큰술

만드는 법

1 그릇에 A를 넣고 잘 섞어준 다음 냉장고에서 1시간 재운다.

2 프라이팬에 기름을 두르고 달궈지면 중간 불로 1을 8분간 볶는다.

3 2에 B를 추가한 다음 약한 불에서 30분을 저어가며 끓인다.

가지, 오크라, 호박, 토마토.
여름 채소를 푹 끓인 요리

⏰ 25 min

189 — 196

재료(2인분)

A 마늘 1쪽(다지기), 양파 1/2개(십자썰기)
올리브오일 1큰술

B 닭다리살 1덩어리(한입 크기로 썰기)
가람 마살라 1/2작은술, 커민 1작은술
코리앤더 1/2작은술

C 가지 1/2개(골패 썰기), 오크라 6개(통썰기)
호박 100g(한입 크기로 썰기)
토마토 펄프 통조림 1/4캔
물 1컵(200mL), 소금 1작은술, 후추 조금

만드는 법

1 냄비에 기름을 두르고 달궈지면 중간 불로 A를 충분히 볶는다.

2 B를 넣고 향신료 냄새가 충분히 배도록 볶는다.

3 C를 넣고 약한 불에서 15분간 수분이 잦아들 때까지 끓인다.

바레인

닭고기와 호박을 푹 끓인 스튜

❖ 살루나 Saloona ❖

병아리콩과 네리고마 페이스트.
빵에 조금씩 얹어 먹고 싶어요.

⏰ 10 min

190 — 196

재료(2인분)

병아리콩(삶은 통조림) 1캔
A 다진 마늘 1/2작은술, 올리브오일 3큰술
네리고마 2큰술, 커민 1/2작은술
소금·후추 조금

만드는 법

1 병아리콩을 믹서에 곱게 간다.

2 1에 A를 넣고 다시 믹서에 간다.(입자가 남으면 통조림에 남아 있는 물을 조금씩 섞어가며 아주 곱게 갈아준다.)

3 소금·후추로 간을 맞춘 다음 그릇에 보기 좋게 담아 올리브오일을 두른다.

레바논

파티에 내고 싶은 병아리콩 페이스트

❖ 후무스 Hummus ❖

술 마신 다음 날에
속이 풀려요

싱가포르

포장마차 단골 메뉴인 돼지갈비탕
바쿠테 Bak kut teh

중국의 요소가 녹아든 동남아시아의 한방 수프.
간장 베이스의 담백한 맛이 목에서 온몸으로 천천히 퍼져나갑니다.

130 min

재료(2인분)

삼겹살 100g(한입 크기로 썰기)
돼지고기 등심 100g(한입 크기로 썰기)
무 1/2개(한입 크기로 썰기)
마늘(껍질째) 1개
굴소스 1작은술
간장 1큰술
구기자 열매 8개
클로브 1송이
팔각 1개
소금 1작은술

만드는 법

1. 냄비에 재료를 모두 넣은 다음 끓어오르면 거품을 없앤다.
2. 약한 불에서 다시 2시간 끓인다.

요리로 보는 세계 19

작은 나라의 큰 그릇

일본의 도쿄만 한 크기의 싱가포르. 이 나라에는 인도계, 중국계, 말레이계 등 여러 인종과 문화와 종교가 뒤섞여 있습니다. 다양한 인종의 아이들이 차별 없이 함께 학교에 다니고, 서로의 생활방식을 존중하는 인상을 받았습니다. 싱가포르 사람은 당연하게 생각하며 지낼지 몰라도 이는 대단한 일입니다. 거리 또한 인도인 거리와 중국인 거리가 조성되어 있는데 관광지로 발전하여 크게 주목받고 있습니다. 저는 이런 문화를 무척 좋아합니다. 싱가포르는 여러 문화가 뒤섞인 결과, 요리도 독자적인 식문화가 발전했습니다.

민족 간에 서로 으르렁거리는 나라가 있는가 하면, 이처럼 훌륭하게 유지하는 나라도 있습니다. 싱가포르는 그런 좋은 예라고 할 수 있습니다.

많은 포장마차가 모여 있는 '호커센터'. 각국의 요리를 먹을 수 있습니다.

솜씨를 부리는 요리사. 이 사진은 굴전을 부치는 모습.

Advice > 팔각이나 클로브를 과하게 넣으면 한약 냄새가 강해지니까 주의하세요.

바사삭!
앗 뜨거!

튀긴 고기만두

몽골

호쇼르 Khuushur

다진 고기를 밀가루 피에 싸서 튀긴 요리. 겉은 바삭바삭하고 속은 쫄깃하면서 육즙이 가득. 반드시 뜨거울 때 드세요.

60 min

192 — 196

재료(2인분)

A 밀가루 250g
  물 125mL
  소금 1/2작은술
B 다진 소고기 300g
  양파 1/2개(다지기)
  마늘 1쪽(다지기)
  소금 1/2작은술
  후추 조금
샐러드오일 2큰술

만드는 법

1. 피를 만든다. 그릇에 A를 넣고 반죽해서 한 덩어리로 만든다. 상온에서 30분간 재운다.
2. 소를 만든다. 다른 그릇에 B를 넣고 잘 섞어준다. 4등분으로 나눈다.
3. 1을 밀어서 3cm 두께의 길쭉한 봉으로 만들어 4등분으로 자른다. 다시 납작하게 밀어서 지름 12cm 크기의 동그란 모양으로 만들어 2를 넣고 만두처럼 빚는다.
4. 프라이팬에 기름을 두르고 달궈지면 약한 불에서 앞뒤 표면을 8분씩 노릇노릇하게 굽는다.

Advice 피를 만드는 재료는 밀가루와 소금과 물뿐. 먼저 피를 만드는 것부터 도전해보세요.

데친 채소 샐러드

인도네시아

가도가도 Gado-gado

데친 채소에 땅콩소스를 뿌린 샐러드. 튀긴 두부와 새우칩도 넣습니다.
본고장에서는 포장마차나 호텔 등 구분할 것 없이 어디서나 먹을 수 있습니다.

30 min

재료(2인분)

- **A** 양배추 1/8개(골패 썰기)
  당근 1/4개(얇게 썰기)
  숙주 1/2봉지
- **B** 간장 25mL
  흑당 25g
- **C** 땅콩버터 100g
  삼발(또는 두반장) 1작은술
- 튀긴 두부 2장(4등분하기)
- 삶은 달걀 2개
- 새우칩 적당량(튀긴 것)

만드는 법

1. **A**가 숨이 죽을 정도로 데친다.
2. 냄비에 **B**를 넣고 한소끔 끓여 잘 풀어준다.
3. 그릇에 **2**와 **C**를 넣고 저어서 곱게 섞는다.
4. **1**의 채소를 양손으로 짜서 물기를 제거한 다음 그릇에 보기 좋게 담는다. 삶은 달걀, 미지근한 물에 담갔다가 건져낸 튀긴 두부, 새우칩을 얹은 뒤 **3**을 뿌린다.

Advice 〉 땅콩소스가 맛있어요. 닭튀김이나 포크소테에 곁들여 먹는 것도 추천!

일요일 점심에는 무라비얀

중동에서 먹는 새우 볶음밥

카타르

무라비얀 Murabyan

중동에서도 바다에 둘러싸인 카타르의 요리. 누룽지도 맛있어요.
언제나 먹는 볶음밥이나 영양밥에 질렸다면 꼭 한번 도전해보세요.

35 min

재료(2인분)

양파 1/2개(다지기)
버터 20g
통새우 12마리
쌀 180mL(씻어 두기)
A 물 1컵(200mL)
　 카레 가루 1작은술
　 시나몬 가루 1/2작은술
　 소금 1과 1/2작은술

만드는 법

1. 냄비에 버터를 녹인 뒤 중간 불로 양파를 갈색으로 변할 때까지 볶는다. 껍질을 깐 새우를 넣고 충분히 볶아서 익혀준다.
2. 쌀을 넣고 5분간 볶는다.
3. A를 넣고 저어가며 한소끔 끓인다. 뚜껑을 닫고 약한 불에서 15분간 밥을 짓는다.

> Advice 맨 먼저 버터에 양파를 볶기 때문에 달콤하고 맛있는 냄새가 납니다.

새콤!
달콤!
매콤!

맥주가 생각나는 새콤한 샐러드

태국

❀ 얌운센 Yam woon sen ❀

버무리기만 하면 되는 당면 샐러드. 전채 요리나 안주로 제격입니다.
땅콩을 추가하면 본연의 맛이 더욱 살아납니다.

10 min

재료(2인분)

녹두 당면 100g

A 식초 1/2컵(100mL)
　　　남플라 2큰술
　　　설탕 1큰술
　　　고춧가루 1큰술(원하는 만큼)

B 작은 새우 8마리(삶기)
　　　오이 1/2개(채썰기)
　　　상추 1장(큼직하게 썰기)
　　　당근 1/2개(채썰기)
　　　고수풀 3줄기(큼직하게 썰기)
　　　땅콩 50g(빻기)

만드는 법

1. 당면을 삶아 물에서 식힌 뒤 체에 걸러 먹기 좋은 길이로 자른다.
2. 그릇에 **A**를 넣고 잘 섞어준다.
3. 1과 **B**를 넣고 잘 버무린다. 그릇에 보기 좋게 담고 땅콩을 뿌린다.

Advice ▷ 단맛, 신맛, 매운맛은 태국 요리의 진수. 먼저 기본이 되는 얌운센을 마스터해보세요.

모두 둘러앉아
먹으면 맛있어요

일본

어머니의 오코노미야키

오코노미야키 Okonomiyaki

매주 질릴 정도로 먹었던 어머니의 손맛. 양배추가 수북, 소스도 듬뿍.
여럿이 함께 먹으면 저절로 행복해지는 요리입니다. 핫플레이트를 사용해서 부치면 정말 재미있을 거예요.

30 min

재료(2인분)

A 오코노미야키용 가루 100g
　물 170mL
B 달걀 2개
　양배추 250g(채썰기)
　쪽파 4쪽(얄팍썰기)
　돼지고기 100g
　샐러드오일 1큰술
C 오타후쿠소스(오코노미야키용) 적당량
　마요네즈 적당량
　가쓰오부시 적당량

만드는 법

1. 그릇에 A를 넣고 잘 섞는다. B를 넣고 다시 골고루 섞는다.
2. 200도 핫플레이트에 기름을 두르고 달궈지면 1을 두 번에 나눠서 붓고 둥근 모양으로 만들어 돼지고기를 얹는다. 5분 정도 구워지면 뒤집어서 다시 5분간 굽는다. 재차 앞뒤 표면을 5분씩(총 20분) 굽는다.
3. C를 오코노미야키에 뿌린다.

요리로 보는 세계 20

세상의 모든 어머니의 요리

일본 간사이 출신인 제 어머니의 단골 메뉴는 오코노미야키. 일요일 저녁은 매주 거르지 않고 늘 오코노미야키를 먹었습니다. 〈사자에상〉*의 노래를 들으면 아직도 생생하게 그때 맛이 떠오릅니다. 그래도 여전히 오코노미야키는 반갑고 질리지 않는 음식입니다. 오코노미야키를 먹으면 가족의 풍경이나 정다운 모습이 그려집니다. 어머니는 아이들이 채소를 많이 먹기를 바라고, 아이들은 좋아하는 요리였으니 매주 만들어 먹었겠지요. 지금까지 이 책에서 소개한 요리는 대부분 어머니가 집에서 만들어주는 음식들입니다. 지금도 전 세계 가정에서 만들고 있을 가장 평범한 요리지요. 그 평범한 일상에 아이들을 향한 어머니의 사랑이 녹아 있습니다. 어머니의 위대함은 전 세계 공통. 당신이 기억하는 어머니의 요리는 무엇입니까?

필리핀에서 요리를 가르쳐주던 포장마차 어머니. 미소가 멋있어요.

한국 요리를 알려준 어머니. 사실은 스페인에서 묵었던 숙소의 사장님.

* 사자에상: 1965년부터 일본 후지TV에서 방영한 장수 애니메이션으로 일본에 사는 남녀노소 누구나 아는 작품.

Advice 〉 이번 요리 촬영 역시 어머니가 만들어준 오코노미야키를 찍었습니다!

● 메뉴별 색인 [먹고 싶은 종류]로 찾기

밥과 면

밥에 얹어 먹는 요리

매콤한 칠리 초콜릿 소스에 끓인 닭고기 스튜 / 멕시코 ········ 019
닭고기와 오크라를 걸쭉하게 끓인 매콤한 수프 / 미국 ········ 021
닭고기 옐로페퍼 스튜 / 페루 ········ 033
소고기 마데이라 와인 조림 / 베네수엘라 ········ 038
닭튀김과 오크라 소스 / 가이아나 ········ 050
닭고기 콜라 스튜 / 과테말라 ········ 051
가라앉는 섬의 중화요리 덮밥 / 투발루 ········ 114
소고기 감자 카레 / 바누아투 ········ 115
참치와 코코넛즙을 뿌린 밥 / 키리바시 ········ 123
렌틸콩 마카로니 토마토 밥 / 이집트 ········ 134
소고기와 계절 채소를 넣은 포토푀 / 코트디부아르 ········ 137
오크라 소스를 넣은 새우찜 / 베냉 ········ 138
오크라 소스를 넣은 흰 살 생선 조림 / 카메룬 ········ 138
상큼한 머스터드 닭고기 스튜 / 말리 ········ 145
요리용 바나나 스튜 / 적도기니 ········ 151
중부아프리카의 비프 스튜 / 차드 ········ 156
돼지고기 토마토 스튜 / 마다가스카르 ········ 156
닭고기 땅콩소스 스튜 / 세네갈 ········ 157
오크라와 땅콩으로 만든 소스 / 기니비사우 ········ 162
요구르트 스튜를 얹은 사프란 라이스 / 요르단 ········ 182
템페 코코넛 카레 / 동티모르 ········ 187
향신료를 넣은 본고장의 양고기 카레 / 인도 ········ 190
닭고기 토마토 수프 카레 / 네팔 ········ 199
어머니의 손맛이 깃든 미얀마식 닭볶음탕 / 미얀마 ········ 201
천국에 가장 가까운 섬의 생선 카레 / 몰디브 ········ 208

밥을 싸서 먹는 요리

지중해 오징어순대 / 키프로스 ········ 056
속에 쌀을 채워 오븐에 구운 닭고기 / 아르메니아 ········ 057
연어와 밥을 넣은 파이 말이 / 핀란드 ········ 092
민트 치즈 라이스 크로켓 / 알바니아 ········ 097

밥으로 지어 먹는 요리

닭고기를 넣은 파에야풍의 쌀 요리 / 세인트 키츠 네비스 ········ 025
가끔은 그냥 먹고 싶어지는 콩밥 / 바베이도스 ········ 030

투박한 스페인 어부의 영양밥 / 스페인 ········ 063
양고기 당근 필래프 / 우즈베키스탄 ········ 098
양고기 국밥 / 모리타니 ········ 135
누룽지마저 맛있는 생선 영양밥 / 감비아 ········ 141
닭고기와 토마토를 넣고 지은 매콤한 영양밥 / 시에라리온 ········ 164
태국쌀로 만드는 다진 소고기 밥 / 부르키나파소 ········ 165
시나몬 향이 나는 가지 소고기 영양밥 / 이라크 ········ 205
중동에서 먹는 새우 볶음밥 / 카타르 ········ 214

면 요리

양고기와 채소 소스를 얹은 우동 / 카자흐스탄 ········ 088
중독되는 말레이 볶음국수 / 말레이시아 ········ 181

그밖에 주식

사고야자 전분으로 만든 찹쌀떡 / 파푸아뉴기니 ········ 117
세계에서 가장 작은 토마토소스 파스타 / 니제르 ········ 125
우간다의 주식인 옥수수 경단 / 우간다 ········ 127

메인 반찬

볶은 것

소고기 감자튀김 볶음 / 볼리비아 ········ 031
고수 잎을 얹은 독일 포테이토 / 조지아 ········ 077
중국집 마파두부 / 중국 ········ 193
한국식 소고기 당면 볶음 / 한국 ········ 193
바질을 넣은 닭고기 가지 볶음 / 라오스 ········ 202

프라이팬에 구운 것

상큼한 BBQ 소스를 곁들인 소고기 스테이크 / 우루과이 ········ 028
메이플시럽 소스를 뿌린 연어 소테 / 캐나다 ········ 041
근사해! 소고기 베이컨 말이 / 에스토니아 ········ 070
버터 연어 소테 / 노르웨이 ········ 074
아몬드 버터 소스를 얹은 연어 소테 / 룩셈부르크 ········ 075
사워크림을 곁들인 동유럽 햄버그스테이크 / 라트비아 ········ 079
크로아티아식 수제 소시지 / 크로아티아 ········ 085
발칸반도의 치즈 햄버그스테이크 / 마케도니아 ········ 087

218

발사믹 소스를 뿌린 돼지고기 등심 스테이크 / 바티칸 ········ 095
빵가루를 입혀 튀긴 돼지고기와 버섯 크림소스 / 독일 ········ 100
미니 햄버그스테이크와 요구르트 소스 / 코소보 ········ 103
어머니의 오코노미야키 / 일본 ········ 217

끓인 것

오렌지 돼지고기 찜 / 아이티 ········ 023
다진 고기와 콩을 넣은 매운 토마토 스튜 / 온두라스 ········ 024
빨간콩 토마토 조림 / 수리남 ········ 031
라틴아메리카의 소고기 카레 / 세인트루시아 ········ 044
새까만 검은콩 조림 / 브라질 ········ 047
어른을 위한 쌉쌀한 소고기 기네스 스튜 / 아일랜드 ········ 058
프랑스 레스토랑의 맛, 닭고기 크림 스튜 / 프랑스 ········ 059
산뜻한 빛깔의 소고기 파프리카 스튜 / 헝가리 ········ 066
미트볼을 넣은 감자떡 / 리투아니아 ········ 071
양고기와 말린 과일 조림 / 아제르바이잔 ········ 081
따끈따끈한 비트 소고기 스튜 / 우크라이나 ········ 082
유럽식 소고기 감자조림 / 보스니아헤르체코비나 ········ 086
닭고기 파프리카 크림 스튜 / 슬로바키아 ········ 086
돼지고기 사워크림 스튜 / 벨라루스 ········ 090
미트볼 소고기 말이 토마토소스 조림 / 몰타 ········ 093
소고기 사워크림 스튜 / 러시아 ········ 099
대구와 채소에 토마토소스를 넣고 끓인 스튜 / 모나코 ········ 105
밥이 술술 넘어가는 초간장 닭고기찜 / 미크로네시아 ········ 108
흰 살 생선 땅콩 스튜 / 가봉 ········ 128
소고기 땅콩 찜 / 잠비아 ········ 129
걸쭉한 토마토 강낭콩 찜 / 부룬디 ········ 130
콩과 콘그릿츠 스튜 / 카보베르데 ········ 131
흰 강낭콩 소고기 스튜 / 콩고민주공화국 ········ 133
닭고기 타진 스튜 / 모로코 ········ 136
채소를 듬뿍 넣은 닭고기 스튜 / 앙골라 ········ 139
톡 쏘는 매운맛의 닭고기 스튜 / 상투메 프린시페 ········ 139
얇게 썬 감자와 다진 고기 조림 / 소말리아 ········ 154
은은한 카레향의 채소 조림 / 에리트레아 ········ 155
병아리콩을 넣은 빨간 닭고기 스튜 / 알제리 ········ 157
달걀을 통째로 넣은 매운 카레 / 에티오피아 ········ 161
영양 만점! 케일 소고기 스튜 / 케냐 ········ 168
멜론씨 닭고기 스튜 / 나이지리아 ········ 169
오크라 소고기 스튜 / 수단 ········ 173
토마토 가다랑어 스튜 / 코모로 ········ 174
남아프리카의 양고기 스튜 / 에스와티니 ········ 176
닭고기 레몬 스튜 / 예멘 ········ 179
붉은 렌틸콩으로 만든 순한 카레 / 스리랑카 ········ 186
고등어 코코넛 카레 / 방글라데시 ········ 190
사랑해요! 중동 햄버그스테이크 스튜 / 터키 ········ 191
그린빈 토마토 스튜 / 시리아 ········ 195
미트볼 요구르트 스튜 / 이란 ········ 203

요구르트에 재운 양고기찜 / 아프가니스탄 ········ 208
닭고기와 호박을 푹 끓인 스튜 / 바레인 ········ 209

튀긴 것

코코넛 새우튀김 / 벨리즈 ········ 029
카리브 해의 흰 살 생선튀김 / 바하마 ········ 045
치즈 새우 크로켓 / 벨기에 ········ 096
바삭하면서 살살 녹는 닭고기 치즈 튀김 / 몬테네그로 ········ 104
생선튀김 토마토소스 / 기니 ········ 144

그릴에 구운 것

오렌지주스에 숙성한 로스트 치킨 / 자메이카 ········ 022
다진 고기 옥수수 그라탱 / 칠레 ········ 034
지구 반대편에서도 인기, 마카로니 그라탱
/ 세인트 빈센트 그레나딘 ········ 035
남미식 미트로프 베이컨 말이 / 콜롬비아 ········ 052
닭고기 치즈 구이 / 산마리노 ········ 055
안초비 감자 그라탱 / 스웨덴 ········ 060
닭고기와 채소를 대롱대롱 끼운 꼬치구이 / 키르기스 ········ 078
심플한 통닭구이 / 콩고 ········ 133
속에 고기와 밥을 채운 피망 요리 / 남수단 ········ 146
인도 이민자의 프라이드치킨 / 짐바브웨 ········ 147
오븐에 구운 소고기 치즈 달걀 파이 / 튀니지 ········ 158
손쉽게 만드는 육즙 가득한 미트로프 / 남아프리카공화국 ········ 167
손에 들고 먹고 싶은 매콤한 새우구이 / 모잠비크 ········ 177
오븐에 구운 담백한 소고기 / 아랍에미리트 ········ 196
모둠 채소구이 / 사우디아라비아 ········ 197
매운 닭 꼬치구이 / 파키스탄 ········ 206
아시아의 맛이 느껴지는 닭튀김 / 브루나이 ········ 207

곁들임 채소 반찬

볶은 것

구수한 감자 양파 볶음 / 슬로베니아 ········ 085
시금치 땅콩 볶음 / 보츠와나 ········ 152
카레향의 간단한 채소볶음 / 말라위 ········ 153

끓인 것

소금에 절인 대구와 흐물흐물한 토마토 조림 / 앤티가 바부다 ········ 040
양배추와 콘드비프를 넣은 코코넛밀크 스튜 / 통가 ········ 109
시금치 크림 스튜 / 레소토 ········ 142
시나몬 향이 은은한 시금치 스튜 / 라이베리아 ········ 143
버섯과 감자를 넣은 치즈 스튜 / 부탄 ········ 183

샐러드

여름이면 생각나는 생선과 새우 마리네 / 에콰도르 ·········· 030
발사믹 식초를 곁들인 참치 아보카도 샐러드 / 이탈리아 ·········· 055
밀푀유처럼 겹겹이 쌓아 올린 감자 샐러드 / 몰도바 ·········· 083
양배추와 베이컨을 넣은 매시트포테이토 / 안도라 ·········· 087
레몬과 소금을 손으로 비벼 만든 샐러드 / 타지키스탄 ·········· 089
참치와 채소, 코코넛크림 무침 / 쿡 제도 ·········· 111
흰 살 생선 코코넛 마리네 / 피지 ·········· 120
참기름에 버무린 참치 / 마셜제도 공화국 ·········· 122
담백한 생선구이 샐러드 / 중앙아프리카공화국 ·········· 170
곱게 간 오이와 요구르트 샐러드 / 쿠웨이트 ·········· 192
데친 채소 샐러드 / 인도네시아 ·········· 213
맥주가 생각나는 새콤한 샐러드 / 태국 ·········· 215

튀긴 것

붉은 렌틸콩으로 만든 귀여운 크로켓 / 지부티 ·········· 159
바삭하고 쫄깃하게 튀긴 춘권 / 베트남 ·········· 081

삶은 것

조개와 돼지고기 시금치 쌈 / 팔라우 ·········· 121
콩과 견과류와 채소 찜 / 토고 ·········· 175

구운 것

대구와 양파로 만든 어묵튀김 / 아이슬란드 ·········· 069
맥주 종주국의 감자 부침개 / 체코 ·········· 072
드넓은 초원에서 즐기는 감자 부침개 / 스위스 ·········· 101

빵과 파이

빵

병아리콩 카레를 넣은 튀긴 빵 샌드위치 / 트리니다드 토바고 ·········· 027
구운 가지 카나페 / 루마니아 ·········· 069
북유럽 오픈 샌드위치 / 덴마크 ·········· 106
시나몬 튀김 도넛 / 사모아 ·········· 118
다진 고기를 얹어서 튀긴 빵 / 캄보디아 ·········· 189

파이

간식이나 안주로도 딱이야! 달걀을 넣어 튀긴 만두 / 아르헨티나 ·········· 026
콩과 치즈를 바삭하게 구운 호떡 / 엘살바도르 ·········· 049
양치는 목동의 파이 / 영국 ·········· 061

코티지치즈가 든 폭신폭신한 파이 / 세르비아 ·········· 064
육즙 가득한 다진 고기 파이 / 오스트레일리아 ·········· 112
튀긴 고기만두 / 몽골 ·········· 212

크레이프

카레 맛 감자 크레이프 / 그레나다 ·········· 042
아보카도 치즈 토마토 케사디야 / 코스타리카 ·········· 043
두툼한 크레이프로 만든 쫄깃한 피자 / 네덜란드 ·········· 065
닭고기 채소 크레이프 그라탱 / 오스트리아 ·········· 073

디핑소스

소금 요구르트 디핑소스 / 투르크메니스탄 ·········· 068
달콤 짭조름한 강낭콩 페이스트 / 르완다 ·········· 149
토마토 양파 디핑소스 / 모리셔스 ·········· 149
라마단이 끝나는 날 먹는 가지 참깨 페이스트 / 리비아 ·········· 163
파티에 내고 싶은 병아리콩 페이스트 / 레바논 ·········· 209

수프

닭고기와 카사바를 넣고 진하게 끓여낸 수프 / 파나마 ·········· 036
감자와 옥수수를 넣은 매운 치킨 수프 / 쿠바 ·········· 037
닭고기 옥수수 경단 수프 / 파라과이 ·········· 039
차가운 요구르트 수프 / 불가리아 ·········· 068
달걀 레몬 수프 / 그리스 ·········· 080
곱게 간 감자에 살라미를 띄운 수프 / 포르투갈 ·········· 091
옥수숫가루로 만든 경단 수프 / 리히텐슈타인 ·········· 098
어부의 고등어 수프 / 탄자니아 ·········· 171
시큼한 돼지고기 수프 / 필리핀 ·········· 184
파프리카와 달걀 반숙을 넣은 토마토소스 스튜 / 이스라엘 ·········· 200
포장마차 단골 메뉴인 돼지갈비탕 / 싱가포르 ·········· 211

간식

플랜틴 바나나 / 도미니카연방 ·········· 044
부드러운 옥수수 푸딩 / 도미니카공화국 ·········· 045
옥수수 경단 치마키 / 니카라과 ·········· 048
흰 살 생선과 감자튀김 / 뉴질랜드 ·········· 113
고구마 코코넛 조림 / 솔로몬제도 ·········· 118
밥과 코코넛으로 만든 간식 / 나우루 ·········· 119
토란과 파파야 찜 / 니우에 ·········· 119
고구마와 바나나 코코넛밀크 조림 / 세이셸 ·········· 150
아프리카에서 만난 소시지와 감자튀김 / 나미비아 ·········· 166
매운맛 바나나튀김 / 가나 ·········· 166
얇은 파스타 디저트 / 오만 ·········· 192

● 상황별 색인   [먹고 싶은 상황]으로 찾기

🏷️ 집에서 일상으로

평소 식사

- 닭고기와 오크라를 걸쭉하게 끓인 매콤한 수프 / 미국 ······ 021
- 오렌지 돼지고기 찜 / 아이티 ······ 023
- 다진 고기 옥수수 그라탱 / 칠레 ······ 034
- 지구 반대편에서도 인기, 마카로니 그라탱
  / 세인트 빈센트 그레나딘 ······ 035
- 플랜틴 바나나 / 도미니카연방 ······ 044
- 버터 연어 소테 / 노르웨이 ······ 074
- 닭고기 파프리카 크림 스튜 / 슬로바키아 ······ 086
- 양고기와 채소 소스를 얹은 우동 / 카자흐스탄 ······ 088
- 레몬과 소금을 손으로 비벼 만든 샐러드 / 타지키스탄 ······ 089
- 가라앉는 섬의 중화요리 덮밥 / 투발루 ······ 114
- 고구마 코코넛 조림 / 솔로몬제도 ······ 118
- 렌틸콩 마카로니 토마토 밥 / 이집트 ······ 134
- 닭고기 타진 스튜 / 모로코 ······ 136
- 소고기와 계절 채소를 넣은 포토푀 / 코트디부아르 ······ 137
- 오크라 소스를 넣은 흰 살 생선 조림 / 카메룬 ······ 138
- 오크라 소스를 넣은 새우찜 / 베냉 ······ 138
- 채소를 듬뿍 넣은 닭고기 스튜 / 앙골라 ······ 139
- 톡 쏘는 매운맛의 닭고기 스튜 / 상투메 프린시페 ······ 139
- 시나몬 향이 은은한 시금치 스튜 / 라이베리아 ······ 143
- 고구마와 바나나 코코넛밀크 조림 / 세이셸 ······ 150
- 은은한 카레 향의 채소 조림 / 에리트레아 ······ 155
- 돼지고기 토마토 스튜 / 마다가스카르 ······ 156
- 오븐에 구운 소고기 치즈 달걀 파이 / 튀니지 ······ 158
- 태국쌀로 만드는 다진 소고기 밥 / 부르키나파소 ······ 165
- 오크라 소고기 스튜 / 수단 ······ 173
- 향신료를 넣은 본고장의 양고기 카레 / 인도 ······ 190
- 고등어 코코넛 카레 / 방글라데시 ······ 190
- 사랑해요! 중동 햄버그스테이크 스튜 / 터키 ······ 191
- 중국집 마파두부 / 중국 ······ 193
- 한국식 소고기 당면 볶음 / 한국 ······ 193
- 닭고기 토마토 수프 카레 / 네팔 ······ 199
- 어머니의 손맛이 깃든 미얀마식 닭볶음탕 / 미얀마 ······ 201
- 천국에 가장 가까운 섬의 생선 카레 / 몰디브 ······ 208
- 닭고기와 호박을 푹 끓인 스튜 / 바레인 ······ 209

약간의 사치

- 상큼한 BBQ 소스를 곁들인 소고기 스테이크 / 우루과이 ······ 028
- 프랑스 레스토랑의 맛, 닭고기 크림 스튜 / 프랑스 ······ 059
- 산뜻한 빛깔의 소고기 파프리카 스튜 / 헝가리 ······ 066
- 유럽식 소고기 감자조림 / 보스니아헤르체고비나 ······ 086
- 미트볼 소고기 말이 토마토소스 조림 / 몰타 ······ 093
- 누룽지마저 맛있는 생선 영양밥 / 감비아 ······ 141
- 오븐에 구운 담백한 소고기 / 아랍에미리트 ······ 196

정성을 쏟고 싶을 때

- 닭고기 옥수수 경단 수프 / 파라과이 ······ 039
- 라틴아메리카의 소고기 카레 / 세인트루시아 ······ 044
- 콩과 치즈를 바삭하게 구운 호떡 / 엘살바도르 ······ 049
- 소시지 사워크라우트 스튜 / 폴란드 ······ 067
- 따끈따끈한 비트 소고기 스튜 / 우크라이나 ······ 082
- 옥수숫가루로 만든 경단 수프 / 리히텐슈타인 ······ 098
- 소고기 감자 카레 / 바누아투 ······ 115
- 콩과 콘그릿츠 스튜 / 카보베르데 ······ 131
- 흰 강낭콩 소고기 스튜 / 콩고민주공화국 ······ 133
- 중부아프리카의 비프 스튜 / 차드 ······ 156
- 달걀을 통째로 넣은 매운 카레 / 에티오피아 ······ 161
- 영양 만점! 케일 소고기 스튜 / 케냐 ······ 168
- 남아프리카의 양고기 스튜 / 에스와티니 ······ 176

🏷️ 안주나 기타

맥주와 함께

- 간식이나 안주로도 딱이야! 달걀을 넣어 튀긴 만두
  / 아르헨티나 ······ 026
- 여름이면 생각나는 생선과 새우 마리네 / 에콰도르 ······ 030
- 카레 맛 감자 크레이프 / 그레나다 ······ 042
- 카리브 해의 흰 살 생선튀김 / 바하마 ······ 045
- 대구와 양파로 만든 어묵튀김 / 아이슬란드 ······ 069
- 맥주 종주국의 감자 부침개 / 체코 ······ 072
- 크로아티아식 수제 소시지 / 크로아티아 ······ 085
- 구수한 감자 양파 볶음 / 슬로베니아 ······ 085
- 흰 살 생선과 감자튀김 / 뉴질랜드 ······ 113
- 흰 살 생선 코코넛 마리네 / 피지 ······ 120

조개와 돼지고기 시금치 쌈 / 팔라우 ············ 121
참기름에 버무린 참치 / 마셜제도 공화국 ············ 122
상큼한 머스터드 닭고기 스튜 / 말리 ············ 145
얇게 썬 감자와 다진 고기 조림 / 소말리아 ············ 154
담백한 생선구이 샐러드 / 중앙아프리카공화국 ············ 170
닭고기 레몬 스튜 / 예멘 ············ 179
바삭하고 쫄깃하게 튀긴 춘권 / 베트남 ············ 181
아시아의 맛이 느껴지는 닭튀김 / 브루나이 ············ 207
맥주가 생각나는 새콤한 샐러드 / 태국 ············ 215

와인과 함께

다진 고기와 콩을 넣은 매운 토마토 스튜 / 온두라스 ············ 024
빨간콩 토마토 조림 / 수리남 ············ 031
소금에 절인 대구와 흐물흐물한 토마토 조림 / 앤티가 바부다 ············ 040
새까만 검은콩 조림 / 브라질 ············ 047
참치 아보카도 샐러드 / 이탈리아 ············ 055
닭고기 치즈 구이 / 산마리노 ············ 055
안초비 감자 그라탱 / 스웨덴 ············ 060
미트볼을 넣은 감자떡 / 리투아니아 ············ 071
사워크림을 곁들인 동유럽 햄버그스테이크 / 라트비아 ············ 079
빵가루를 입혀 튀긴 돼지고기와 버섯 크림소스 / 독일 ············ 100
대구와 채소에 토마토소스를 넣고 끓인 스튜 / 모나코 ············ 105
걸쭉한 토마토 강낭콩 찜 / 부룬디 ············ 130
생선튀김 토마토소스 / 기니 ············ 144
병아리콩을 넣은 빨간 닭고기 스튜 / 알제리 ············ 157
멜론씨 닭고기 스튜 / 나이지리아 ············ 169
어부의 고등어 수프 / 탄자니아 ············ 171
토마토 가다랑어 스튜 / 코모로 ············ 174
버섯과 감자를 넣은 치즈 스튜 / 부탄 ············ 183
그린빈 토마토 스튜 / 시리아 ············ 195
파프리카와 달걀 반숙을 넣은 토마토소스 스튜 / 이스라엘 ············ 200

그 밖에

닭고기와 카사바를 넣고 진하게 끓여낸 수프 / 파나마 ············ 036
감자와 옥수수를 넣은 매운 치킨 수프 / 쿠바 ············ 037
곱게 간 감자에 살라미를 띄운 수프 / 포르투갈 ············ 091
참치와 코코넛즙을 뿌린 밥 / 키리바시 ············ 123
양고기 국밥 / 모리타니 ············ 135
중독되는 말레이 볶음국수 / 말레이시아 ············ 181
시큼한 돼지고기 수프 / 필리핀 ············ 184
포장마차 단골 메뉴인 돼지갈비탕 / 싱가포르 ············ 211

도시락에 딱

오렌지주스에 숙성한 로스트 치킨 / 자메이카 ············ 022

닭고기를 넣은 파에야풍의 쌀 요리 / 세인트 키츠 네비스 ············ 025
가끔은 그냥 먹고 싶은 콩밥 / 바베이도스 ············ 030
소고기 감자튀김 볶음 / 볼리비아 ············ 031
닭튀김과 오크라 소스 / 가이아나 ············ 050
고수 잎을 얹은 독일 포테이토 / 조지아 ············ 077
발칸반도의 치즈 햄버그스테이크 / 마케도니아 ············ 087
양배추와 베이컨을 넣은 매시트포테이토 / 안도라 ············ 087
치즈 새우 크로켓 / 벨기에 ············ 096
양고기 당근 필래프 / 우즈베키스탄 ············ 098
바삭하면서 살살 녹는 닭고기 치즈 튀김 / 몬테네그로 ············ 104
밥이 술술 넘어가는 초간장 닭고기찜 / 미크로네시아 ············ 108
속에 고기와 밥을 채운 피망 요리 / 남수단 ············ 146
시금치 땅콩 볶음 / 보츠와나 ············ 152
카레 향의 간단한 채소볶음 / 말라위 ············ 153
바질을 넣은 닭고기 가지 볶음 / 라오스 ············ 202
중동에서 먹는 새우 볶음밥 / 카타르 ············ 214

아이와 함께 만들고 싶을 때

아보카도 치즈 토마토 케사디야 / 코스타리카 ············ 043
부드러운 옥수수 푸딩 / 도미니카공화국 ············ 045
코티지치즈가 든 폭신폭신한 파이 / 세르비아 ············ 064
두툼한 크레이프로 만든 쫄깃한 피자 / 네덜란드 ············ 065
드넓은 초원에서 즐기는 감자 부침개 / 스위스 ············ 101
사고야자 전분으로 만든 찹쌀떡 / 파푸아뉴기니 ············ 117
시나몬 튀김 도넛 / 사모아 ············ 118
밥과 코코넛으로 만든 간식 / 나우루 ············ 119
튀긴 고기만두 / 몽골 ············ 212
어머니의 오코노미야키 / 일본 ············ 217

파티에 내고 싶을 때

전채 요리

코코넛 새우튀김 / 벨리즈 ············ 029
남미식 미트로프 베이컨 말이 / 콜롬비아 ············ 052
소금 요구르트 디핑소스 / 투르크메니스탄 ············ 068
차가운 요구르트 수프 / 불가리아 ············ 068
밀푀유처럼 겹겹이 쌓아 올린 감자 샐러드 / 몰도바 ············ 083
참치와 채소, 코코넛크림 무침 / 쿡 제도 ············ 111
세계에서 가장 작은 토마토소스 파스타 / 니제르 ············ 125
우간다의 주식인 옥수수 경단 / 우간다 ············ 127
토마토 양파 디핑소스 / 모리셔스 ············ 149
요리용 바나나 스튜 / 적도기니 ············ 151
붉은 렌틸콩으로 만든 귀여운 크로켓 / 지부티 ············ 159
아프리카에서 만난 소시지와 감자튀김 / 나미비아 ············ 166

콩과 견과류와 채소 찜 / 토고 ·················· 175
붉은 렌틸콩으로 만든 순한 카레 / 스리랑카 ·········· 186
곱게 간 오이와 요구르트 샐러드 / 쿠웨이트 ·········· 192
모둠 채소구이 / 사우디아라비아 ················ 197
데친 채소 샐러드 / 인도네시아 ················ 213

손으로 먹는 요리

병아리콩 카레를 넣은 튀긴 빵 샌드위치 / 트리니다드 토바고 ··· 027
옥수수 경단 치마키 / 니카라과 ················ 048
구운 가지 카나페 / 루마니아 ················· 069
북유럽 오픈 샌드위치 / 덴마크 ················ 106
육즙 가득한 다진 고기 파이 / 오스트레일리아 ········· 112
달콤 짭조름한 강낭콩 페이스트 / 르완다 ············ 149
라마단이 끝나는 날 먹는 가지 참깨 페이스트 / 리비아 ····· 163
매운맛 바나나튀김 / 가나 ··················· 166
손에 들고 먹고 싶은 매콤한 새우구이 / 모잠비크 ······· 177
다진 고기를 얹어서 튀긴 빵 / 캄보디아 ············ 189
파티에 내고 싶은 병아리콩 페이스트 / 레바논 ········· 209

메인 요리

소고기 마데이라 와인 조림 / 베네수엘라 ············ 038
지중해 오징어순대 / 키프로스 ················· 056
속에 쌀을 채워 오븐에 구운 닭고기 / 아르메니아 ······· 057
양치는 목동의 파이 / 영국 ··················· 061
투박한 스페인 어부의 영양밥 / 스페인 ············· 063
근사해! 소고기 베이컨 말이 / 에스토니아 ··········· 070
닭고기 채소 크레이프 그라탱 / 오스트리아 ·········· 073
닭고기와 채소를 대롱대롱 끼운 꼬치구이 / 키르기스 ····· 078
연어와 밥을 넣은 파이 말이 / 핀란드 ············· 092
발사믹 소스를 뿌린 돼지고기 등심 스테이크 / 바티칸 ···· 095
심플한 통닭구이 / 콩고 ···················· 133
인도 이민자의 프라이드치킨 / 짐바브웨 ············ 147
닭고기와 토마토를 넣고 지은 매콤한 영양밥 / 시에라리온 ··· 164
손쉽게 만드는 육즙 가득한 미트로프 / 남아프리카공화국 ··· 167
템페 코코넛 카레 / 동티모르 ················· 187
시나몬 향이 나는 가지 소고기 영양밥 / 이라크 ········ 205
매운 닭 꼬치구이 / 파키스탄 ················· 206

생소한 맛

매콤한 초콜릿 소스에 끓인 닭고기 스튜 / 멕시코 ······· 019
닭고기 옐로페퍼 스튜 / 페루 ················· 033
메이플시럽 소스를 뿌린 연어 소테 / 캐나다 ·········· 041
닭고기 콜라 스튜 / 과테말라 ················· 051
어른을 위한 쌉쌀한 소고기 기네스 스튜 / 아일랜드 ······ 058

아몬드 버터 소스를 얹은 연어 소테 / 룩셈부르크 ······· 075
달걀 레몬 수프 / 그리스 ···················· 080
양고기와 말린 과일 조림 / 아제르바이잔 ············ 081
돼지고기 사워크림 스튜 / 벨라루스 ··············· 090
민트 치즈 라이스 크로켓 / 알바니아 ·············· 097
소고기 사워크림 스튜 / 러시아 ················· 099
미니 햄버그스테이크와 요구르트 소스 / 코소보 ········ 103
양배추와 콘드비프를 넣은 코코넛밀크 스튜 / 통가 ······ 109
토란과 파파야 찜 / 니우에 ··················· 119
흰 살 생선 땅콩 스튜 / 가봉 ·················· 128
소고기 땅콩 찜 / 잠비아 ···················· 129
닭고기 땅콩소스 스튜 / 세네갈 ················· 157
오크라와 땅콩으로 만든 소스 / 기니비사우 ·········· 162
요구르트 스튜를 얹은 사프란 라이스 / 요르단 ········· 182
얇은 파스타 디저트 / 오만 ··················· 192
미트볼 요구르트 스튜 / 이란 ·················· 203
요구르트에 재운 양고기찜 / 아프가니스탄 ··········· 208

● 셰프 추천 색인 [한상 차림 세트]로 찾기

맥주를 좋아하는 사람에게 추천하는 안주

드넓은 초원에서 즐기는 감자 부침개 / 스위스 ·········· 101
바삭하면서 살살 녹는 닭고기 치즈 튀김 / 몬테네그로 ·········· 104
바삭하고 쫄깃하게 튀긴 춘권 / 베트남 ·········· 181

여름철 파티에 어울리는 3종

닭고기와 오크라를 걸쭉하게 끓인 매콤한 수프 / 미국 ·········· 021
상큼한 BBQ 소스를 곁들인 소고기 스테이크 / 우루과이 ·········· 028
오븐에 구운 담백한 소고기 / 아랍에미리트 ·········· 196

프라이팬 하나로 금방 만드는 요리

매콤한 초콜릿 소스에 끓인 닭고기 스튜 / 멕시코 ·········· 019
아몬드 버터 소스를 얹은 연어 소테 / 룩셈부르크 ·········· 075
카레 향의 간단한 채소볶음 / 말라위 ·········· 153

매울 수록 맛있는 메뉴

중독되는 말레이 볶음국수 / 말레이시아 ·········· 181
버섯과 감자를 넣은 치즈 스튜 / 부탄 ·········· 183
맥주가 생각나는 새콤한 샐러드 / 태국 ·········· 215

15분 내로 완성해 빨리 먹을 수 있는 메뉴

버터 연어 소테 / 노르웨이 ·········· 074
레몬과 소금을 손으로 비벼 만든 샐러드 / 타지키스탄 ·········· 089
참기름에 버무린 참치 / 마셜제도 공화국 ·········· 122

대강 만들어도 맛있는 간편 요리

시금치 땅콩 볶음 / 보츠와나 ·········· 152
은은한 카레 향의 채소 조림 / 에리트레아 ·········· 155
병아리콩을 넣은 빨간 닭고기 스튜 / 알제리 ·········· 157

칼로리를 줄인 건강한 식사

구운 가지 카나페 / 루마니아 ·········· 069
닭고기와 채소를 대롱대롱 끼운 꼬치구이 / 키르기스 ·········· 078
한국식 소고기 당면 볶음 / 한국 ·········· 193

누구나 좋아하는 달걀 요리

남미식 미트로프 베이컨 말이 / 콜롬비아 ·········· 052
오븐에 구운 소고기 치즈 달걀 파이 / 튀니지 ·········· 158
파프리카와 달걀 반숙을 넣은 토마토소스 스튜 / 이스라엘 ·········· 200

식감이 독특한 요리

소금 요구르트 디핑소스 / 투르크메니스탄 ·········· 068
미트볼을 넣은 감자떡 / 리투아니아 ·········· 071
사고야자 전분으로 만든 찹쌀떡 / 파푸아뉴기니 ·········· 117

만들어 두면 편리한 보관용 요리

소시지 사워크라우트 스튜 / 폴란드 ·········· 067
밥이 술술 넘어가는 초간장 닭고기찜 / 미크로네시아 ·········· 108
토마토·양파 디핑소스 / 모리셔스 ·········· 149

몸에 좋은 향신료와 한방 요리

향신료를 넣은 본고장의 양고기 카레 / 인도 ·········· 190
매운 닭 꼬치구이 / 파키스탄 ·········· 206
포장마차 단골 메뉴인 돼지갈비탕 / 싱가포르 ·········· 211

추운 나라에서 즐겨 먹는 포근포근한 요리

안초비 감자 그라탱 / 스웨덴 ·········· 060
산뜻한 빛깔의 소고기 파프리카 스튜 / 헝가리 ·········· 066
소고기 사워크림 스튜 / 러시아 ·········· 099

열대지방 섬나라의 식사

조개와 돼지고기 시금치 쌈 / 팔라우 ·········· 121
참기름에 버무린 참치 / 마셜제도 공화국 ·········· 122
참치와 코코넛즙을 뿌린 밥 / 키리바시 ·········· 123

아시아판 걸작 요리

시큼한 돼지고기 수프 / 필리핀 ·········· 184
어머니의 손맛이 깃든 미얀마식 닭볶음탕 / 미얀마 ·········· 201
바질을 넣은 닭고기 가지 볶음 / 라오스 ·········· 202

유럽을 이야기할 때 꼭 등장하는 요리

프랑스 레스토랑의 맛, 닭고기 크림 스튜 / 프랑스 ·················· 058
투박한 스페인 어부의 영양밥 / 스페인 ································ 063
따끈따끈한 비트 소고기 스튜 / 우크라이나 ·························· 082

아프리카 대지를 느낄 수 있는 요리

닭고기 땅콩소스 스튜 / 세네갈 ·· 157
손쉽게 만드는 육즙 가득한 미트로프 / 남아프리카공화국 ······· 167
닭고기와 호박을 푹 끓인 스튜 / 바레인 ······························· 209

중남미풍 메뉴

소고기 감자튀김 볶음 / 볼리비아 ··· 031
닭고기 옐로페퍼 스튜 / 페루 ·· 033
감자와 옥수수를 넣은 매운 치킨 수프 / 쿠바 ······················· 037

문화의 교차로, 중동 요리

요구르트 스튜를 얹은 사프란 라이스 / 요르단 ····················· 182
모둠 채소구이 / 사우디아라비아 ·· 197
파티에 내고 싶은 병아리콩 페이스트 / 레바논 ····················· 209

● 에필로그

요리로 세계 평화를 이룬다?

'요리는 서로를 이해하는 수단이다.'
30개국을 다니며 요리를 배우는 일상을 보내면서 깨달았습니다.

외국에서 사람을 만나면 친해지는 저만의 비결이 있습니다. 처음에 대화가 전혀 없는 상태에서도 일단 "어느 나라에서 왔어요?" 하고 물으며 그 나라의 요리 이름을 꺼내면, 상대는 "어떻게 알아요?!" 하며 열띤 반응을 보입니다. "먹어본 적 있어요?" 하는 상대의 질문에 "실은 만들어봤어요"라고 답하면 대화가 더욱 무르익으면서 자연스럽게 친구가 됩니다. 요리를 계기로 친해지는 것이지요.

지금 이 순간 지구를 상상해보세요. 맨 먼저 떠오르는 것은 수많은 나라와 그곳에 사는 다양한 사람들입니다. 일본이 아침 9시면, 싱가포르는 아침 7시, 인도는 오전 5시여서 막 해가 뜰 시간입니다. 사우디아라비아는 새벽 3시로 한창 꿈나라, 이탈리아는 새벽 1시가 되어 이제 막 잠자리에 드는 시간입니다. 뉴욕이라면 전날 저녁 7시로 마침 저녁 식사 시간이 되겠군요.

인도에서 버터 치킨 마살라를 가르쳐준 셰프. 누구나 인정하는 일류 요리사였습니다.

세상은 넓고 아름답습니다. 하지만 지금 이 순간에도 분쟁 중인 지역이 있고, 서로 으르렁대는 나라가 있는 것 또한 사실입니다. 저만 해도 집에서 다툴 때가 있습니다. 다툼이 전혀 일어나지 않는 세상을 만들기란 분명 어렵겠지요. 전쟁하며 서로를 죽이는 현실은 참으로 안타까운 일입니다.

"모두 같은 지구에서 지금 이 순간을 함께 살아가는 사이인데 왜 그럴까?"

저는 어릴 때부터 그런 생각을 해왔습니다. 어른이 되어 요리를 배우러 세계를 여행하면서 빈곤과 기아와 차별을 눈앞에서 직접 목격하고는 더욱 격하게 마음이 동요했습니다. 그렇다고 제가 정치가가 되거나 슈퍼맨이 될 수도 없는 일이고 그렇게 해결될 문제도 아닙니다. 저는 차별과 분쟁 문제는 관대하고 배려하는 마음으로 해결할 수 있다고 믿습니다. 그렇다고 단순히 '배려하자'고 외쳐봤자 효과가 나올 리 없습니다. 그러면 어떻게 해야 할까요?

마더 테레사가 인도의 콜카타에 세운 시설 '죽음을 기다리는 사람들의 집'에서 수녀님들과 함께.

한 가지 깨달은 점은 '요리로 관심을 끌어낼 수 있다'는 사실입니다. 오감을 사용해서 먹는 요리는 그 나라를 알기 위해 꼭 필요한 수단입니다. '더운 나라니까 이런 방법을 고안해낸 건가?', '현지에서도 이렇게 보글보글 끓여 먹을까?' 사실 요리로 알게 되는 것이 아주 많습니다. 일단 관심을 보인다면 관대하고 배려하는 마음을 갖는 일은 그리 어렵지 않습니다.

사람에게 음식은 아주 밀접하고 중요한 존재입니다. 저는 요리를 소개하면서 서로 돕는 세상을 만들어가고 싶습니다. 그 생각은 과거에도 지금도 변함이 없습니다.

왜 그리 힘든 고생만

요리의 힘을 믿으며 지금까지 다양한 일에 도전해왔습니다. 2년간 세계 요리를 전부 만들어보는 '지구촌 요리 마라톤'과 1만 2,000개 완판을 기록한 한

스리랑카에서 알게 된 숙소 직원들. 상냥한 사람들이지만, 민족 간 대립에 직면해 있었습니다.

MERRY SOUP 프로젝트 동료들. 레스토랑 문을 닫을 무렵 함께 모였습니다.

신·아와이 대지진 20주년 자선 수프인 'MERRY SOUP', 이전 여행 책은 레스토랑을 운영하면서 1년에 걸쳐 집필했습니다. 그리고 이번에 집대성한 《전 세계 집밥 레시피 196》을 출판하고자 클라우드 펀딩을 진행했습니다.

종종 이런 질문을 받습니다. "모토야마 씨, 왜 그렇게 고생을 사서 하나요?" 어쩌면 그것은 제 자신을 시험하는 일일지도 모릅니다. 스스로 목표를 높게 잡고 말도 안 되는 일이어도 도전해봅니다. '이것을 해봐야지' 하고 확실한 목표를 세우고 한결같이 노력하다 보면 언젠가 사람들도 공감해줄 거라고 생각합니다. 그렇게 사람들이 모여드는 모습을 직접 지켜보면서 저 역시도 '세상이 아직 살 만하다'고 느낍니다.

해외를 돌며 수행 중이라고 하지만, 현지인이 볼 때는 전혀 모르는 사람이 갑자기 찾아와서는 "요리를 가르쳐주세요" 하고 부탁하는 황당한 상황일 것입니다. 그래도 열의가 전해지면 도와주고 응원해주기도 합니다. 저는 '세상은 아직 살 만하다'는 것을 증명하고 싶고 또 증명하기 위해서 살고 있습니다.

지금, 세계 각지에는 테러가 발생하고 난민이 늘어나고 각종 전쟁이 일어날 조짐이 도사리고 있습니다. 지금이야말로 모두가 평화를 지키기 위해 서로를 알아가는 노력이 필요합니다. 다양한 나라의 요리를 만들어보면서 서로의 식탁을 알아가는 일부터 시작해보는 것은 어떨까요?

요리는 인류가 살아 있다는 증거

세상에는 이토록 수많은 요리가 존재하는 반면 점차 사라지는 요리도 있습니다. 식재료로 사용하는 농작물을 재배할 수 없게 되거나 먹는 사람이 줄어들면서 자취를 감추게 됩니다. 태평양에 있는 어떤 섬은 중국의 원조를 받기 시작하면서 원래 있던 향토 요리가 맛이 강한 중화요리에 밀려나게 되었습니다. 점차 모두가 중화요리만 먹더니 일부 지역에서는 섬 요리를 거의 먹지 않게 되었습니다.

강연에서 여행 이야기를 나누며 음식으로 세상을 다르게 바라보는 법을 전하고 있습니다.

이번에 소개한 196가지 요리는 10년 뒤, 20년 뒤에는 다른 요리가 되어 있을지도 모릅니다. 그래서 지금의 전 세계 요리를 남기고 싶은 마음에 이 레시피 책을 제작하게 되었습니다.

지금 이 순간에도 현재진행형으로 세상 사람들이 만들고 명맥을 이어가는 요리. 그것은 우리가 살아온 증거이기도 합니다. 그 나라의 문화, 역사, 환경 그 모든 것이 합쳐져 그 지역의 요리가 됩니다. 196가지 전 세계 집밥 레시피는 '우리 인류의 역사'라고도 할 수 있지 않을까요.

여러분처럼 세계 곳곳에서 이 책에 실린 요리를 만드는 모습을 상상하며 주방에 서 있는 누군가가 있다면 더 이상 바랄 게 없습니다. 요리를 계속 만들어보며 나라 이름에 상관없이 "아, 그 음식이 먹고 싶네." 할 정도로 단골 메뉴가 생긴다면 더없이 기쁠 것입니다.

마지막으로 요리로 만난 모든 사람과 생판 처음 보는 제 두서없는 이야기를 끝까지 들으며 요리를 가르쳐주었던 현지인들에게 진심으로 감사인사를 전하고 싶습니다. 저는 당신에게 배운 요리를 오늘도 정성 들여 만들고 있습니다!

보호마 스투티! (스리랑카어로 '대단히 고맙습니다')

ZEN196KAKOKU OUCHI DE TSUKURERU SEKAI NO RECIPE
by Naoyoshi Motoyama
Copyright © Naoyoshi Motoyama, 2017
All right reserved.
Original Japanese edition published by Writes Publishing, Inc.

Korean translation copyright © 2022 by HappyBooksToYou
This Korean edition published by arrangement with Writes Publishing, Inc., Hyogo,
through HonnoKizuna, Inc., Tokyo, and BC Agency.

전 세계 집밥 레시피 196

초판 1쇄 인쇄 2022년 3월 28일
초판 1쇄 발행 2022년 4월 7일

지은이 모토야마 나오요시　　**펴낸곳** (주)해피북스투유
옮긴이 최수영　　　　　　　　**출판등록** 2016년 12월 12일 제2016-000343호
펴낸이 김문식 최민석　　　　　**주소** 서울시 성북구 종암로 63, 5층 (종암동)
총괄 임승규　　　　　　　　　**전화** 02)336-1203
기획편집 이수민 박소호 김재원　**팩스** 02)336-1209
　　　　　이혜미 조연수
디자인 배현정
제작 제이오

© 모토야마 나오요시, 2022
ISBN 979-11-6479-620-5 13590

- 이 책은 (주)해피북스투유와 저작권자와의 계약에 따라 발행한 것이므로
  무단전재와 무단복제를 금지하며, 이 책 내용의 전부 또는 일부를 이용하려면
  반드시 저작권자와 (주)해피북스투유의 서면 동의를 받아야 합니다.
- 잘못된 책은 구입하신 곳에서 바꾸어드립니다.